Esta coleção tem por objetivo debater os dilemas do cotidiano escolar presentes na atividade educacional contemporânea. Busca-se um conjunto de leituras possíveis em torno de uma mesma temática, visando reunir diversos referenciais teóricos e soluções alternativas para os problemas em foco. Atinge-se assim um panorama atualizado e abrangente, tanto das questões relevantes à prática escolar atual quanto das novas perspectivas para o seu enfrentamento.

Dados Internacionais de Catalogação na Publicação (CIP)
(Câmara Brasileira do Livro, SP, Brasil)

Indisciplina na escola: alternativas teóricas e práticas / organização Julio Groppa Aquino. 18 ed. – São Paulo : Summus, 2016.

Bibliografia
ISBN 978-85-323-0583-1

1. Disciplina escolar 2. Educação – Brasil 3. Escolas I. Aquino, Julio Groppa. II. Título. III. Série.

96-2685   CDD-371.58

Índices para catálogo sistemático:

1. Escolas : Problemas de indisciplina: Educação 371.58
2. Indisciplina: Escolas: Educação 371.58

www.summus.com.br

EDITORA AFILIADA

Compre em lugar de fotocopiar.
Cada real que você dá por um livro recompensa seus autores
e os convida a produzir mais sobre o tema;
incentiva seus editores a encomendar, traduzir e publicar
outras obras sobre o assunto;
e paga aos livreiros por estocar e levar até você livros
para a sua informação e o se entretenimento.
Cada real que você dá pela fotocópia não autorizada de um livro
financia um crime
e ajuda a matar a produção intelectual de seu país.

Indisciplina na Escola

Alternativas teóricas e práticas

Julio Groppa Aquino (org.)

summus
editorial

INDISCIPLINA NA ESCOLA
Alternativas teóricas e práticas
Copyright © 1980 by Yves de La Taille, Leandro de Lajonquière,
Marlene Guirado, Áurea Guimarães, Teresa Cristina R. Rego,
Ulisses Ferreira de Araújo, Laurizete Ferragut Passos,
José Sérgio F. de Carvalho, Sonia A. Moreira França, Julio Groppa Aquino
Direitos desta edição reservados por Summus Editorial

Coordenação da Coleção: **Julio Groppa Aquino**
Capa: **Yvoty Macambira**

Summus Editorial

Departamento editorial
Rua Itapicuru, 613 – 7º andar
05006-000 – São Paulo – SP
Fone: (11) 3872-3322
http://www.summus.com.br
e-mail: summus@summus.com.br

Atendimento ao consumidor
Summus Editorial
Fone: (11) 3865-9890

Vendas por atacado
Fone: (11) 3873-8638
e-mail: vendas@summus.com.br

Impresso no Brasil

SUMÁRIO

1   **A indisciplina e o sentimento de vergonha** 9
    Yves de La Taille

2   **A criança, "sua" (in)disciplina e a psicanálise** 25
    Leandro de Lajonquière

3   **A desordem na relação professor-aluno: indisciplina, moralidade e conhecimento** 39
    Julio R. Groppa Aquino

4   **Poder indisciplina: os surpreendentes rumos da relação de poder** 57
    Marlene Guirado

5   **Indisciplina e violência: a ambigüidade dos conflitos na escola** 73
    Áurea M. Guimarães

6   **A indisciplina e o processo educativo: uma análise na perspectiva vygotskiana** 83
    Teresa Cristina R. Rego

7   **Moralidade e indisciplina: uma leitura possível a partir do referencial piagetiano** 103
    Ulisses Ferreira de Araújo

8   **A indisciplina e o cotidiano escolar: novas abordagens, novos significados** 117
    Laurizete Ferragut Passos

9   **Os sentidos da (in)disciplina: regras e métodos como práticas sociais** 129
    José Sérgio F. de Carvalho

10 **A indisciplina como matéria do trabalho ético e político** ... 139
    Sonia A. Moreira França

APRESENTAÇÃO

Há muito os distúrbios disciplinares deixaram de ser um evento esporádico e particular no cotidiano das escolas brasileiras para se tornarem, talvez, um dos maiores obstáculos pedagógicos dos dias atuais. Claro está que, salvo o enfrentamento isolado e personalizado de alguns, a maioria dos educadores não sabe ao certo como interpretar e/ou administrar o ato indisciplinado. Compreender ou reprimir? Encaminhar ou ignorar?

Diante das encruzilhadas do trabalho diário, todos parecem, em alguma medida, marcados por uma cisão fundamental: de um lado, a autoridade e o controle absoluto de outrora foram substituídos por uma crescente perplexidade e, conseqüentemente, um certo desconforto pedagógico; mas, de outro, a linha divisória entre indisciplina e violência pode se tornar muito tênue, esgarçando os limites da convivência social. Por onde ir? O que fazer?

Não apenas professores, diretores e orientadores, mas também pais e os próprios alunos, com o tempo, tornaram-se reféns do emaranhado de significados e valores que a indisciplina escolar comporta. Como entendê-la, enfim, para além da "naturalidade" com que é processada no dia-a-dia?

Por se tratar de um tema bastante recorrente na prática diária dos protagonistas escolares, é curioso que ele seja infreqüente na literatura especializada — talvez pelo fato mesmo de ser um tema transversal àqueles usualmente visitados pelos teóricos da área educacional. É possível constatar, pois, que a indisciplina (como problema teórico e prático) em geral é tratada de maneira imediatista, sem o circunstanciamento conceitual necessário. Visando abrandar essa flagrante lacuna bibliográfica, a presente coletânea de textos foi planejada e organizada principalmente na tentativa de contribuir para o aprofundamento do debate acerca da temática.

São, ao todo, dez textos inéditos, redigidos de forma concisa mas substancial por docentes/pesquisadores da realidade brasileira. Dessa forma, psicólogos, psicanalistas, sociólogos, filósofos e pedagogos encaram o problema, oferecendo-lhe múltiplas abordagens teóricas e propondo soluções alternativas para sua compreensão e manejo.

Trata-se, portanto, de um esforço multidisciplinar com o intuito de promover uma análise abrangente do tema à luz de alguns referenciais teóricos contemporâneos e imprescindíveis que, até o momento, não tinham efetivado uma interlocução imediata com a questão da indisciplina na escola. E isso, vale ressaltar, em torno de um determinado recorte teórico tomado como contraponto da questão disciplinar, bem como a partir do campo conceitual que subsidia tal recorte. Por exemplo, a questão do poder em Foucault, ou da moralidade em Piaget, ou ainda da infância na psicanálise; e assim por diante.

O resultado é, sem dúvida, bastante interessante e inusitado, uma vez que todos os autores tiveram de desdobrar, em maior ou menor grau, tanto o recorte escolhido quanto o campo conceitual original em direção a uma articulação factível com o tema da indisciplina. Os efeitos dessas articulações constituem o sentido básico e o valor primordial deste livro.

Outro aspecto que interliga os diferentes textos é a tentativa de retirada do ônus disciplinar da figura exclusiva do aluno. Ou melhor, visou-se analisar a indisciplina escolar sob diferentes ângulos, facultando-lhe maiores densidade e complexidade do ponto de vista teórico, e abandonando o espontaneísmo com que geralmente é processada cotidianamente. É certo, porém, que os encaminhamentos de cada texto são autônomos e nem sempre coincidentes, mas o efeito analítico está presente em todos eles.

Outra razão não menos importante da realização do presente livro refere-se ao fato de que, em vez de perseguir abstratamente uma "teoria geral" da educação, tomamos, em conjunto, um problema pontual (menor até, para alguns) das práticas escolares concretas e, a partir dele, propusemos, de fato, maneiras diversificadas de compreender a tarefa educacional e o papel da escola. O crivo de "verdade", portanto e afinal, cabe apenas ao leitor.

Um último aspecto que identifica os textos é o de que todos os autores são professores das universidades estaduais públicas de São Paulo — o que, por si só, representa um esforço de interpenetração dos diferentes níveis de ensino; promovendo, assim, a extensão do trabalho teórico-conceitual (que, em tese, deve acontecer privilegiadamente no interior das práticas universitárias) para o níveis básico e médio, e tentando atenuar, quem sabe, o desnível estrutural que há entre eles.

O organizador

A indisciplina e o sentimento de vergonha

Yves de La Taille*

Por que as crianças obedecem? Foi esta a pergunta que, no começo de nosso século, intrigou vários autores. Foram em busca de respostas e várias foram encontradas: superego, sentimento do sagrado, heteronomia, hábito etc. Respostas diferentes entre si, mas que levavam em conta o que era considerado um fato: as crianças obedecem a seus pais e, em geral, também a seus professores. Hoje, parece-me que a pergunta formulada espontaneamente seria a inversa: por que as crianças não obedecem, nem a seus pais, muito menos a seus professores? Exagero? É bem provável. Não sei se, antigamente, elas obedeciam tanto assim e se são tão desobedientes hoje. Porém, parece ser esta a queixa atual, traduzida notadamente pelo vocábulo "limite": as crianças, hoje, não teriam limites, os pais não os imporiam, a escola não os ensinaria, a sociedade não os exigiria, a televisão os sabotaria etc. Sintomaticamente, o texto que o professor Júlio Aquino nos propõe escrever versa sobre a *in-disciplina*. Tivesse ele tido a idéia de organizá-lo décadas antes, talvez escolhesse *disciplina* na escola.

O tema é delicado, perigoso até. Por três razões, pelo menos.

A primeira: pode-se facilmente cair no moralismo ingênuo e, sob a aparência de descrever o real, tratar de normatizá-lo. Por exemplo, a indisciplina em sala de aula seria decorrência da falta de valores de nosso tempo. Porém, falta de *quais* valores?

A segunda: o reducionismo, que explica um fato por uma única dimensão. Existe o reducionismo psicológico que, ao fazer abstração de

---

* Mestre e doutor em Psicologia Escolar pelo Instituto de Psicologia da USP, onde é professor da graduação e da pós-graduação. Autor de *Ensaio sobre o lugar do computador na educação* (Iglu, 1990) e dos prefácios das edições brasileiras de *O juízo moral na criança* (Summus, 1994) e *A construção do real na criança* (Ática, no prelo), ambos de Jean Piaget. Também publicou, em colaboração, *Computador e ensino: uma aplicação à língua portuguesa* (Ática, 1986) e *Piaget, Vygotsky, Wallon: teorias psicogenéticas em discussão* (Summus, 1992).

características sociais, culturais e históricas, *reduz* o fenômeno estudado ao jogo de mecanismos mentais isolados do contexto em que estão. Porém, há também o reducionismo sociológico, que consiste em atribuir a causas gerais todo comportamento humano, desprezando variáveis psicológicas (estas consideradas como mero subproduto de determinações sociais). Para fugir do reducionismo, duas soluções: ou possuir um grande sistema explicativo que articule várias dimensões ou, na ausência de tal sistema (que é o caso mais freqüente), situar claramente a análise no nível escolhido e sem afirmar a onipotência da explicação apresentada.

A terceira: a complexidade e, até, ambigüidade do tema. De fato, o que é disciplina? O que é sua negação, *in*disciplina? Não é tão simples. Se entendermos por disciplina comportamentos regidos por um conjunto de normas, a indisciplina poderá se traduzir de duas formas: 1) a revolta contra estas normas; 2) o desconhecimento delas. No primeiro caso, a indisciplina traduz-se por uma forma de desobediência insolente; no segundo, pelo caos dos comportamentos, pela desorganização das relações. Aproveito para dizer que, hoje, o segundo caso parece-me valer. Estamos longe de contextos como aquele escolhido pelo filme *Sociedade dos Poetas Mortos*, em que é retratada uma revolta discente. Hoje, o cinismo (negação de todo valor e, logo, de qualquer regra) explica melhor os desarranjos das salas de aulas. Anteontem, o professor falava a alunos dispostos a acatar; ontem, a certos alunos (pré-)dispostos a discordar e propor; hoje, tem auditório de surdos. Estou de novo exagerando, só não sei exatamente o quanto...

Continuemos a análise da complexidade do tema, tecendo outra consideração: disciplina é bom porque, sem ela, há poucas chances de se levar a bom termo um processo de aprendizagem. Porém, a que preço? A rigor, a disciplina em sala de aula pode equivaler à simples boa educação: possuir alguns modos de comportamento que permitam o convívio pacífico. Pura aparência, portanto, da qual não se procuram os motivos. O aluno bem-comportado pode sê-lo por medo do castigo, por conformismo. Pouco importa: seu comportamento é tranqüilo. Ele é disciplinado. Isto é desejável?

O tema da disciplina pode nos levar mais longe ainda: discutir a própria natureza humana. Para o filósofo Kant, por exemplo, a disciplina é condição necessária para arrancar o homem de sua condição natural selvagem. Não se trata, portanto, apenas de "bons modos": trata-se de educar o homem para ser homem, redimi-lo de sua condição animal. Permanecer parado e quieto num banco escolar é, para Kant, necessário, não para possibilitar o bom funcionamento da escola, mas para ensinar a criança a controlar seus impulsos e afetos. Não que, levantando, andando, falando, não pudesse se alfabetizar, mas não conseguiria se "humanizar". Logo, perante espetáculos de indisciplina em sala de aula, Kant (e, com ele, boa parte dos defensores sérios do ensino dito tradicional, como Alain e Durkheim) se preocuparia com o futuro da humanidade. Contra ele, autores como Piaget apostaram numa "autodisciplina", não imposta de fora, mas inspirada pela busca pessoal de equilíbrio: do autogoverno das crianças nasceria uma disciplina muito mais estável e, aparente paradoxo, livre. Tais idéias tiveram e têm grande influência na educação moderna (notadamente na classe média brasileira). Que resultados? Como avaliá-los para além da mera observação da "calma" ou "turbulência" escolar? Promoveu-se, realmente, o autogoverno das crianças ou apenas se "brincou" de dar-lhes certa autonomia em áreas marginais (como escolher a decoração da sala de aula)?[1]

Poderíamos permanecer laudas e laudas verificando a complexidade e ambigüidade do tema em tela. Paro aqui. Devo, agora, anunciar como vou tratá-lo. Vou fazê-lo pelo prisma da moralidade e do sentimento de vergonha. Tratar da disciplina/indisciplina no nível da moralidade significa optar por uma dimensão específica (e não exclusiva, voltarei ao tema mais adiante); e tratar do tema através da vergonha é considerar uma, apenas uma, de suas dimensões afetivas. A tese central a ser apresentada é de simples formulação: a indisciplina em sala de aula é (entre outros fatores) decorrência do enfraquecimento do vínculo entre moralidade e sentimento de vergonha. Esta tese geral não é só minha, mas não é de muitos. Vejamos sua demonstração esquemática.

A vergonha

É do filósofo francês Jean-Paul Sartre a definição mais rigorosa de vergonha: "A vergonha pura não é o sentimento de ser tal ou tal objeto repreensível, mas, em geral, de ser um objeto, isto é, de me reconhecer neste ser decaído, dependente e imóvel que sou para outrem" (Sartre, 1942, p.336). Dito de outra forma, o sentimento de vergonha tem origem no fato de eu me saber objeto do olhar, da escuta, do pensamento dos outros. Tal afirmação contradiz o que se entende comumente por vergonha: sentimento de ser julgado *negativamente* pelos outros. Por esta razão, Sartre fala de vergonha *pura* na sua definição. Experiências do cotidiano confirmam a tese: por exemplo, alguém poderá enrubescer ao ser publicamente elogiado, aplaudido – traduções de juízos positivos. Outros terão vergonha de falar em público, não necessariamente porque temem um fracasso, mas porque estarão expostos. Por-

---

1. Interessantemente, todas as experiências de autogoverno que são apresentadas como sucesso (como Summerhill) são "radicais", representam uma alteração completa das regras da instituição. Como, na maioria das vezes, as idéias de autogoverno são implementadas em instituições que permanecem com a organização antiga, tal fato talvez explique os resultados suspeitos até agora obtidos.

tanto, o sentimento de vergonha tem seu mínimo denominador no constrangimento de se supor olhado pelo outro. E quando este olhar for crítico, negativo, a vergonha encontrará sua tradução mais freqüente: sentimento de rebaixamento, desonra, humilhação.

Aceita tal definição, decorre que a vergonha é um sentimento inevitável. Inevitável pelo menos se o sujeito se souber objeto da percepção de outrem. A psicologia da criança tende a confirmar esta tese. A partir de que momento uma criança dá sinais de sentir vergonha? Dados levam a pensar que o sentimento de vergonha surge por volta dos 18 meses, idade em que a criança toma definitiva consciência de si, tornando-se objeto para si mesma: "eu sou eu" (Lewis, 1992; De La Taille, 1995). É nesta idade, por exemplo, que ela se reconhece no espelho, ou seja, que ela toma consciência do que ela é para o olhar alheio. Interessantemente, seus primeiros sinais de vergonha, que poderíamos também chamar de embaraço, contemporâneos desta tomada de consciência, nada têm de percepção de si como objeto repreensível (retomando a palavra de Sartre): por exemplo, basta que se a olhe fixamente e ela baixa os olhos, cessa sua atividade, claramente constrangida, envergonhada. Em resumo, a partir do momento em que a criança toma consciência de sua própria perceptibilidade, o sentimento de vergonha a acompanhará. E uma de suas "tarefas" no seu desenvolvimento será, justamente, a de lidar com esta vergonha, associando-a a certos valores, legitimando certos olhares e deslegitimando outros. Assim, a vergonha deixará de ser exclusivamente "pura", e será notadamente associada a um juízo de valor que a criança fará sobre si mesma.

Deixemos justamente de lado, agora, a vergonha "pura", e passemos a pensar naquela associada ao juízo de valor. É natural que a criança (assim como o adulto, a vida toda) busque ter de si um valor positivo, ter uma boa imagem de si. A busca de tal imagem é, para Alfred Adler (1933/1991), tendência vital, até mesmo instinto central que explica o desenvolvimento: afirmação e expansão do Eu. Vamos aceitar aqui esta afirmação teórica que, aliás, se verifica incessantemente nas crianças e nos adultos. Neste sentido, o medo da vergonha (negativa) será forte motivação.

Num primeiro momento do desenvolvimento, o olhar alheio, notadamente dos pais, será todo-poderoso (embora a criança pequena, egocêntrica, interprete freqüentemente de forma errônea tal olhar, acreditando-se admirada quando não o é, e vice-versa). Vale dizer que os motivos de orgulho e os de vergonha serão de certa forma impostos pelos outros. Trata-se de uma primeira fase de heteronomia ou dependência. É preciso salientar aqui que tal dependência não é total. Por um lado, a criança sentirá satisfação ao ter sucesso nas ações que decidiu empreender, mesmo que ninguém testemunhe este sucesso — *idem* para os fracassos. Por outro, constantes elogios por parte de pais e professores não surtirão efeito quando a criança perceber que, independentemente do que faz, é sempre "ótima": acabará desconfiando e poderá até sentir vergonha se deduzir que, se a elogiam tanto, todo o tempo, é que tem algo de errado com ela, que é particularmente frágil. Porém, levadas em conta estas duas ponderações, o fato é que os juízos alheios têm grande peso e formarão a primeira camada da imagem que terá de si. Tais olhares terão influência tanto na escolha de partes de si a valorizar, quanto do valor em si.

Paulatinamente, a autonomia se fortalecerá: os olhares alheios perderão seu poder "totalitário" ao serem, eles mesmos, julgados pela criança. Ela começará a ter seus próprios critérios, que não serão necessariamente mera cópia ou pura interiorização daqueles impostos (embora estes permaneçam influindo a vida toda). Também os olhares sofrerão uma redistribuição. Por exemplo, os pares (amigos) começarão a ter tanta importância ou mais que os pais. Finalmente, o sentimento de vergonha não mais dependerá totalmente da publicidade dos atos: a criança poderá sentir vergonha sozinha, perante seus próprios olhos. Porém, a publicidade não deixará de ter importância. Será ponderada: não se sentirá orgulho de atos considerados intimamente irrelevantes ou até negativos, mesmo que outros os aplaudam. E o contrário: não sentirá vergonha de qualquer crítica se nem o olhar nem seu juízo forem legitimados. Evidentemente, as pessoas variam muito entre si com relação a esta autonomia. Acredito até que a maioria de nós permanece bem "infantil", no sentido de demasiadamente suscetível ao olhar alheio, demasiadamente refém dos juízos dos outros. Porém, de qualquer forma, é fato que uma certa autonomia pode ser conquistada e que é, inclusive, absolutamente necessária ao equilíbrio psicológico.

Resumindo: a vergonha é, no seu "grau zero", o sentimento de ser objeto da percepção de outrem; na sua forma mais elaborada, tal percepção é associada a valores positivos e negativos, sendo a vergonha relacionada àqueles negativos. Uma vez que a tendência à afirmação do Eu, à construção de uma imagem positiva de si, é necessidade psicológica básica, a vergonha é sentimento sempre possível e temido, motivação de escolha de condutas e esforços. No início do desenvolvimento, o olhar alheio, notadamente dos pais, é todo-poderoso, formando as primeiras camadas da imagem de si; depois, este olhar é em parte relativizado, tanto na sua origem, quanto no seu juízo.

Vergonha e moral

A rigor, qualquer coisa pode ser causa de vergonha (ou de orgulho): vergonha de ser feio, pobre, de pertencer a determinada raça, vergonha de perder num jogo, de tirar nota ruim, de ser recusado pela pessoa amada, de apanhar, de chorar etc., sem contar aquela decorrente da simples exposição ao olhar alheio. Daí a eterna presença da vergonha na vida humana. E, evidentemente, há a vergonha de se ter agido contra algum preceito moral. Portanto, a vergonha não se associa apenas à moralidade, mas é impossível pensar a moralidade sem ela. Neste ponto, duas considerações devem ser feitas.

A primeira refere-se ao sentimento de culpa. Como se sabe, costuma ser este o sentimento associado à moralidade, tanto que o sentimento de vergonha é esquecido e desprezado, ou simplesmente considerado como correlato ou produto do sentimento de culpa. Isto se deve em parte à nossa tradição judaico-cristã, e também à força da teoria de Freud, que coloca a culpa como central na instalação da instância psíquica responsável pelas condutas éticas, o superego. Todavia, alguns autores demonstraram com clareza que vergonha não é assimilável à culpa. Não é o caso de demonstrar aqui tal singularidade da vergonha. Vamos apenas aceitar o fato de que existe.

A segunda consideração remete-nos ao valor do sentimento de vergonha, quando relacionado à moralidade. Para alguns, a "verdadeira" moral pressuporia apenas o sentimento de culpa por tratar-se de um controle interno; a vergonha seria suspeita pois remeteria a um controle externo: o olhar alheio. Porém, tal argumento não se sustenta. Por dois motivos. Em primeiro lugar, porque a vergonha também corresponde a um controle interno. De fato, como apontado antes, podemos sentir vergonha sozinhos. E mais ainda, se tememos o juízo negativo de outra pessoa é que, de certa forma, temos o mesmo juízo que ela, compartilhamos com ela os mesmos valores. Decair perante esta pessoa corresponde a decair aos nossos próprios olhos. Em segundo lugar, não devemos menosprezar a importância dos controles ditos externos; eles sempre são necessários (não existe sociedade sem eles), pois acreditar que apenas controles internos são suficientes é ter uma imagem idealizada do homem. O "olho da consciência" — que certamente existe — dialoga com e é realimentado pelo "olho do outro". A vergonha é um sentimento que, necessariamente, nos remete aos dois controles; seu lado externo é sua origem e sua realimentação na exposição ao juízo alheio, seu lado interno é a atribuição de valor, a construção da imagem de si que cada um procura realizar e preservar. Em resumo, não há motivos para banir a vergonha da esfera moral, reservando-a apenas ao sentimento de culpa. Freqüentemente os dois sentimentos vêm juntos, cada um com sua função e especificidade.

Isto posto, vejamos mais de perto a relação entre moralidade e vergonha,[2] remetendo-nos à gênese do juízo moral. Muitos autores (entre

---

2. A moralidade humana é conseqüência de múltiplos fatores. Ao enfatizar a importância da vergonha, não estou afirmando que outras dimensões psíquicas sejam desprezíveis. Estou apenas, metodologicamente, recortando meu objeto de reflexão.

eles Freud e Piaget) estão de acordo em situar a origem da moralidade na relação da criança com seus pais. E estão também de acordo em sublinhar a importância do sentimento de *amor* nesta relação. Daí uma decorrência simples: a obediência da criança às ordens dos pais é motivada pelo medo da "perda do amor". Porém o que é amor? Seguimos a definição do jurista americano John Rawls: "amar alguém não significa apenas que estamos preocupados com suas necessidades e desejos, mas também que reforçamos o sentimento que a pessoa tem de seu próprio valor" (1987, p.504). De fato, seria incompreensível um amor por alguém que não se traduzisse por cuidados; e seria também incompreensível um amor que se traduzisse por desprezo ou indiferença em relação ao valor da pessoa amada. Portanto, o medo da perda de amor não se traduz apenas pelo medo de perder a proteção; traduz-se também pelo medo de perder a confiança, a estima da pessoa que nos ama.[3] Vale dizer que, desde cedo, o medo de "passar vergonha" perante os olhos da pessoa amorosa é motivação forte, e também explica a obediência da criança pequena (escrevo "também" porque o medo do castigo e da perda de cuidado estão evidentemente presentes).

A fase do medo da perda do amor dos pais corresponde ainda a um controle essencialmente externo. Como bem coloca Freud, não se trata ainda de uma "má consciência", pois apenas o conhecimento dos atos de desobediência por parte dos pais levaria à perda efetiva do amor. Daí, entre outras razões, a importância do segredo nesta fase da vida: fazer sem ser visto. A seqüência "bem-sucedida" do desenvolvimento moral deverá, justamente, corresponder ao estabelecimento de um controle interno, ou seja, um autocontrole, uma obediência às regras que não dependa mais exclusivamente do olhar dos pais ou de outras pessoas. Freud e Piaget dão explicações diferentes desta seqüência, porém ambas nos permitem permanecer contemplando o sentimento de vergonha. Vejamos como.

A interiorização das interdições paternas vai, para Freud, constituir-se no superego, o qual compreende o "ideal-de-ego", ou seja, uma imagem ideal de si (introjeção dos pais idealizados) que servirá como uma espécie de medida empregada para avaliar o próprio valor como pessoa. No caso de uma transgressão moral, vê-se bem a diferença e a complementaridade entre culpa e vergonha: culpa de ter transgredido uma lei e vergonha de ter fracassado na busca da realização concreta do ideal introjetado.

---

3. É este medo de perda de estima que, a meu ver, não foi o bastante considerado por Freud. Escreve ele: "Se acontece à criança de perder o amor da pessoa de que depende, perde também a proteção contra toda sorte de perigos, e o perigo principal ao qual se expõe é que esta pessoa todo-poderosa demonstre sua superioridade sob forma de castigo" (FREUD, *Malaise dans la civilisation*. Paris, PUF, 1971, p.81 [primeira edição de 1929]).

Na teoria de Piaget, a "interiorização" das regras corresponde a uma assimilação racional destas (portanto crítica) e a uma nova exigência moral: a reciprocidade, respeitar e ser respeitado. O respeito mútuo guarda, do respeito unilateral (aquele da criança por seus pais), a dimensão da estima. De fato, o que é exigência de ser respeitado senão a exigência de ser reconhecido como pessoa de valor? Para que tal reconhecimento exista, duas condições são necessárias: exigir do outro que reconheça em mim a dignidade inerente ao ser humano (exigência que a criança pequena não faz ou faz pouco) e agir de forma a concretizar e merecer tal dignidade, portanto merecer ser respeitado. Citemos Piaget: "O elemento quase material de medo que intervém no respeito unilateral desaparece progressivamente para deixar lugar *ao medo todo moral de decair perante os olhos da pessoa respeitada*" (Piaget, 1932, p.309 — grifo meu). O que é cair perante os olhos da pessoa respeitada senão sentir vergonha? Vale dizer que, para Piaget, a motivação básica da moral adulta é o sentimento da própria dignidade, portanto uma certa imagem moral positiva de si que se procura preservar e impor.

Em suma, podemos afirmar que o sentimento de dignidade ou honra é inerente ao juízo e às ações morais, seja qual for a fase do desenvolvimento. Faz muito sentido a expressão "sem vergonha" para qualificar uma pessoa imoral. Uma pessoa "sem vergonha" é justamente alguém que, por um lado, ignora e despreza o juízo dos outros (não reconhece o controle externo) e, por outro, não considera condenável, aviltante, cometer certos atos condenados pela moral. A imagem que tem de si não parece sofrer com a realização de atos imorais. O desavergonhado é "incontrolável" pelo olhar moral da sociedade. "Ter vergonha na cara" é outra expressão complementar, que bem traduz o lugar da vergonha na moralidade: expressa, paradoxalmente, que se deve ter vergonha para não agir de forma a senti-la![4] Há pessoas que não sentem vergonha moral por justamente não agirem de forma a senti-la: são as pessoas dignas, honradas; há pessoas que não a experimentam porque são incapazes de tal sensibilidade, porque sua auto-imagem não sofre danos decorrentes de ações contrárias à moral (o que não significa dizer que tenham outra moral, porque, no caso, sentiriam vergonha quando a traíssem): são as pessoas sem honra, sem dignidade. Assim, pelo menos, sentencia nossa sociedade.

Porém, uma pergunta se impõe: é natural, necessário, que todas as pessoas desenvolvam uma imagem positiva de si que *inclua* a dimensão moral? A resposta é, naturalmente, negativa. Para compreendê-lo, devemos voltar ao desenvolvimento infantil.

Imaginemos uma criança a quem se coloquem poucas proibições morais, poucas normas claras de conduta, uma criança que seja essen-

---

4. Agradecemos a Elizabeth Harkot de La Taille por esta observação.

cialmente valorizada no que diz respeito a condutas de sucesso (ser o mais forte, o mais rápido etc.) ou à sua beleza física. Quais serão as decorrências de tal educação? Primeiramente, a criança não sentirá o "medo da perda do amor dos pais" quando agir de forma contrária à moral vigente em sua sociedade, uma vez que os pais demonstram dar pouca importância a estas ações.[5] E, sem este medo, não temerá perder a estima dos pais quando agir "imoralmente". Segundo: formará uma imagem de si baseada em outros valores e sentirá vergonha apenas quando não se mostrar forte, bonita, ágil, bem-sucedida etc. E mais ainda: se os pais valorizarem certos comportamentos como necessários ao sucesso (por exemplo, uma competitividade contrária à solidariedade), não somente a criança não sentirá vergonha ao infringir regras morais, como poderá até sentir orgulho. Em fases ulteriores de desenvolvimento, será grande a probabilidade de o ideal-de-ego introjetado passar longe da moral e o respeito mútuo não fazer sentido, por terem sido valorizados aspectos das ações e da personalidade que não incluem a dimensão da reciprocidade.

Evidentemente, é incomum ter-se um quadro radical como o que acabei de apresentar; vale dizer que raramente uma criança passa sem qualquer exemplo de proibição moral. Porém, os pesos dos valores que compõem a imagem de si podem variar. Segundo o psicólogo americano Damon (1995), verifica-se que certas pessoas fazem pouca distinção entre sua personalidade e sua moralidade: por exemplo, ser honesto faz parte, para elas, de sua personalidade, de sua identidade. Vale dizer, da imagem de si. Outras, pelo contrário, têm sua dimensão moral "compartimentalizada": vêem-se mais como pessoas de sucesso, bonitas, ricas etc. Em uma palavra, para estas últimas, a moralidade ocupa lugar periférico. Sentirão mais vergonha de perder dinheiro do que de infringir uma norma moral para ganhá-lo.

Em resumo, se a vergonha é sentimento inevitável, inerente ao ser humano, aquela associada à moral não se impõe necessariamente. A vergonha pode seguir vários caminhos; a moral é um deles. A qualidade da interação social determina em grande parte o quanto a moralidade vai associar-se à imagem que cada um faz de si. O olhar alheio tem grande responsabilidade neste processo. Ora, o que, hoje em dia, tal olhar contempla?

Vergonha e sociedade

Comecemos por um sobrevôo ligeiro e ingênuo do que parece ser o "olhar admirador" de hoje. Beleza física, corpos esculpidos em acade-

---

5. Os pais, na verdade, podem até dar muita importância, mas acreditam que não se deva dar exemplos, ordens, mas sim esperar que, espontaneamente, com o tempo, a criança se tornará um ser moral.

mias, saúde medida em termos de juventude, dinheiro traduzido nas provas concretas de sua posse (carros importados, telefone celular acionado nas ruas e supermercados, grifes, mansões com quartos às dúzias), sucesso profissional, glória na mídia etc. Escondem-se rugas, barrigas, cabelos brancos. Teme-se no mais alto grau ser "otário". Choram-se os cinco minutos de glória que não vêm ou já se foram. Escancaram-se os resultados positivos, ignoram-se os meios. No futebol, fazem-se gols com as mãos, que as platéias aplaudem batendo os pés.

O quadro que acabo de pintar é severo, certamente parcial. Porém, não creio que seja falso. Nele, a vergonha associada à moral cai necessariamente para o segundo plano. Mas deixemos agora este sobrevôo ligeiro e tomemos conhecimento de algumas análises feitas a respeito de nossa sociedade contemporânea. Todas elas apontam para o *declínio do homem público*, diagnosticado por Richard Sennett (1979).

Eis o diagnóstico sobre o homem pós-moderno: ele sofre as *tiranias da intimidade*. Interessa-se apenas pelo que diz respeito à sua personalidade, aos seus afetos, impulsos, idiossincrasias. Em uma palavra, está, como Narciso, incessantemente debruçado sobre si mesmo. Não lhe interessa a sociedade, apenas seu pequeno grupo de amigos; não o sensibiliza a História, apenas pensa na *sua* história biográfica; desdenha a participação política, a luta pela emancipação do homem, pela liberdade; empenha-se em garantir *sua* liberdade, em geral medida em termos de capacidade de consumo e orgasmo. Em resumo, investe todas as suas energias em si mesmo, em sua intimidade, que somente divide com quem ele pensa ser seu "alter-ego" afetivo. O espaço público lhe dá medo, desempenhar papéis parece-lhe uma traição à pureza de seu Eu profundo, discorda de que "o indivíduo somente é grande se participa de algo que o ultrapassa — notadamente a soberania cívica",[6] pois, para ele, o limite é ele próprio. Eis, em linhas gerais, o quadro desenhado por alguns autores como Sennett (1979), Freire Costa (1989), Bruckner (1995).

As conseqüências morais são naturais. De novo, não se trata de dizer que este homem contemporâneo seja imoral. Ele não o é. Porém, de um lado, restringe muito o espaço de sua ação moral (o espaço íntimo, singular, local); de outro, reluta em assumir valores que lhe pareçam contradizer sua busca de prazer, a expressão do que ele acredita ser sua autenticidade. Mais ainda: tende a pensar que moralidade é tema de foro exclusivamente íntimo; no limite, cada pessoa tendo sua moral, seus valores que se tornam, por assim dizer, incomunicáveis.

Um bom exemplo é o lugar atrofiado ocupado hoje pelo sentimento de honra. Escreve a respeito Renato Janine Ribeiro: "Se temos difi-

---

6. Citação de Pascal Bruckner (1995, p.154).

culdade em refletir segundo outros modos, é porque estamos imersos neste pensamento moral, que destaca as virtudes da intimidade, concebida, sentida como fonte de verdade; basta pensarmos na força, hoje, das propostas ecológicas, feministas, minoritárias — é como se tudo o que é público, político, padecesse por definição dos vícios da mentira e da falsidade, e fosse preciso depurá-lo, regenerá-lo, trazer-lhe energia do único lugar em que esta nasce: o espaço íntimo. (...) Esta perspectiva torna inaceitável a existência, como paixão, da honra; esta nem sequer é percebida, ou reconhecida." (Ribeiro, 1993, p.114) Não que o olhar do outro deixe de ter força: como vimos, isto é impossível (autores como Pitt-Rivers, 1965; Ribeiro, 1993 e Weinrich, 1989, que analisam o declínio da honra, mostram bem como a busca de uma espécie de glória pessoal está sempre presente). Porém, tal olhar desloca sua atenção: focaliza o indivíduo na sua singularidade pessoal, deixa em segundo plano sua personalidade social, seu desempenho de papéis. Ora, de que as pessoas vão essencialmente sentir vergonha?

Numa pesquisa recente, realizada no Brasil por Maria Amália Faller Vitale (1994), foi mostrado que, para os jovens de hoje, "a representação que os sujeitos têm da vergonha inclui o aspecto moral mas, nas situações examinadas, dão pouca ênfase a esta dimensão da vergonha" (p.167). Conclui a autora: "A vergonha perdeu o seu caráter de sentimento moral no trato das questões do espaço público, não mais regula a ação do cidadão frente à opinião pública" (p.167). Os sujeitos permanecem sentindo vergonha, é claro, mas a associam justamente a seus fracassos pessoais e demais "decepções do homem individualista". O binômio moral/vergonha se desfaz, ou, pelo menos, se enfraquece, seja porque valores como o "sucesso" na vida, o dinheiro etc. acabam por ocupar tal destaque que invadem a imagem que cada um almeja ter de si, seja porque a moral acaba por ser represada nos limites do Eu, este Eu sendo então único olhar considerado legítimo para avaliá-la. Privado de seu diálogo com o olhar do outro, o olhar próprio vai perdendo força, caindo na complacência moral aplicada a si mesmo, caindo na "tentação da inocência" bem diagnosticada por Pascal Bruckner em ensaio recente.

A indisciplina em sala de aula

Toda moral pede disciplina, mas toda disciplina não é moral. O que há de moral em permanecer em silêncio horas a fio, ou em fazer fila? Nada, evidentemente. Portanto, ao abordar a questão da disciplina pela dimensão da moralidade, não estou pensando que toda indisciplina seja condenável moralmente falando, nem que o aluno que segue as normas escolares de comportamento seja necessariamente um amante das virtudes (pode ser simplesmente movido pelo medo de castigo ou achar ser mais "lucrativo" não enfrentar professores e bedéis). Mais ainda, certos atos de indisciplina podem ser genuinamente morais: por exemplo, quando um aluno é humilhado, injustiçado e se revolta contra as autoridades que o vitimizam. Portanto, tenhamos cuidado em condenar a indisciplina sem ter examinado a razão de ser das normas impostas e dos comportamentos esperados (e sem, também, termos pensado na idade dos alunos: não se pode exigir as mesmas condutas e compreensão de crianças de 8 anos e de adolescentes de 13 ou 14).

Feitas estas ressalvas, é claro que existe um vínculo entre disciplina em sala de aula e moral. Primeiramente, porque tanto disciplina como moral colocam o problema da relação do indivíduo com um conjunto de normas. E segundo, porque vários atos de indisciplina traduzem-se pelo desrespeito, seja do colega, seja do professor, seja ainda da própria instituição escolar (depredação das instalações, por exemplo). É certamente este aspecto desrespeitoso de certos comportamentos discentes que preocupa no mais alto grau os educadores. Muitos têm medo de entrar na sala de aula, não apenas por temerem não ter êxito na tarefa de ensinar, mas sobretudo por não saberem se receberão tratamento digno por parte de seus alunos. A indisciplina é freqüentemente sentida como humilhante. Isto posto, vamos eleger alguns itens de reflexão para encerrar o presente capítulo.

1) Se a análise feita do enfraquecimento da relação vergonha/moral for correta, explicam-se facilmente certos comportamentos indisciplinados relacionados a valores morais. Pensemos de forma extrema: se o essencial da imagem que os alunos têm de si (e querem que os outros tenham deles) inclui poucos valores morais, se seu "orgulho" alimenta-se de outras características, é de se esperar que sejam pouco inclinados a ver no respeito pela dignidade alheia um valor a ser reverenciado, e nem a considerar seus atos de desobediência como correspondentes a uma imagem positiva de si (afirmação da própria dignidade, como no caso da revolta contra a autoridade). Não sentirão nem vergonha, nem orgulho de suas balbúrdias. Não sentirão nada. O olhar reprovador do professor não terá efeito: seus cenários são outros, suas platéias são outras.

É isto que se pode dizer de maneira extrema ou global. Uma sala de aula pode assemelhar-se ao caos do trânsito nas ruas e estradas. Cada motorista deseja que os outros admirem seu carro, mas não aceita que julguem sua maneira de guiar, cada vez mais desregrada. Cada aluno quer ser admirado pessoalmente, mas não concebe que alguém possa condenar seus comportamentos associais. Quem o fizer não passará de um "moralista", supremo insulto!

O defeito do quadro antes esboçado é sua generalidade. Nos próximos itens, vamos pensar algumas particularidades da instituição escola;

vamos também pensar a vergonha e a imagem que os alunos têm de si (e que temos deles) de forma mais ampla.

2) Como vimos, algumas análises sociológicas mostram que o homem contemporâneo desertou o espaço público:[7] somente lhe interessa o que é privado, íntimo. Deste fato, identificam-se duas decorrências. A primeira se traduz por um descaso pelo espaço em questão, bem ilustrado pelo ato de jogar lixo nas ruas. A segunda: a vergonha moral tenderá a levar em conta essencialmente os olhares de sua esfera privada, o "olhar público" tornando-se ilegítimo. Evidentemente, a escola padece diretamente desta situação. Ou o professor impõe-se pessoalmente, por suas características próprias (íntimas, portanto), ou nada consegue, uma vez que os alunos desprezam sua função (pública por definição). Aliás, algumas escolas particulares tendem a jogar este jogo com convicção, procurando "personalizar" seu ensino. O aluno se torna "cliente" a quem a escola vende um "produto". E, como se sabe, o cliente é rei, é ele quem manda. Inverte-se radicalmente a legitimidade dos olhares: é o aluno quem olha e julga. A vergonha possível fica por conta da escola e de seus professores. "Quem é a senhora para me dar ordens e me repreender? Eu estou pagando a escola, e, portanto, seu salário."[8] Eis o que alguns alunos já dizem a seus professores. E estes, destituídos de autoridade e cujo olhar não tem o poder de censurar, abandonam a tarefa de disciplinar. A tarefa torna-se outra: trata-se de "segurar" o aluno, vale dizer, de motivá-lo.

3) Uma das belas descobertas da psicologia foi o papel das motivações (conscientes e inconscientes) nas condutas humanas. Infelizmente, várias vezes tal descoberta acabou por legitimar um novo despotismo: o despotismo do desejo. Nas escolas e nas universidades, este fato é marcante. Os alunos acham perfeitamente normal desertar aulas por eles consideradas "maçantes", e isto a despeito da qualidade intelectual da matéria dada e do professor. Portanto, não é mais em nome de uma norma que se pode exigir certos comportamentos dos alunos, mas sim pela procura (no fundo impossível) de contemplar suas motivações mais recônditas. Novamente, é a esfera privada e íntima que dá as cartas.

Ao culto da motivação, soma-se outro: o culto à infância e à juventude.

4) A vergonha de ser velho, o orgulho de ser ou parecer jovem: tal é o espírito atual. "Nossa época prefere as crianças aos sábios", escreve

---

7. Público não deve ser entendido como sinônimo de estatal. Público opõe-se a privado, portanto ao que é do indivíduo ou de um pequeno grupo de pessoas (como a família, por exemplo). Neste sentido, a escola, mesmo particular, é espaço público por tratar-se de um lugar referenciado na sociedade como um todo.

8. Retiro esta frase do depoimento particular de uma professora.

Comte-Sponville.[9] Novamente, um avanço ético da sociedade (bem traduzido pelos Direitos da Criança) tende a se transformar numa cilada na qual são pegos os próprios jovens. A família, antes organizada em função dos adultos, passa a ser organizada em função das crianças. Ontem, sair de casa era ganhar a liberdade, hoje significa perdê-la. Daí a atual queixa de falta de limites nas crianças. Os pais e professores têm medo de impô-los porque significaria impor o registro adulto, no qual não acreditam mais. A criança é adulada porque é criança: sua autoestima já está dada pela própria idade que tem. A força do estuário dobra-se perante a fragilidade da nascente. E a nascente acaba por não ganhar a força do rio, pela simples razão de que nunca encontra um rio. Os pais engatinham na frente dos filhos, brincam de negar as diferenças e de ser apenas "amigos" de suas progenituras, escondem seus valores por medo de contaminá-las, aceitam seus desejos por medo de frustrá-las. E o fato acaba por se repetir na escola. Troca-se Machado de Assis por histórias de Walt Disney, a Filosofia pelas discussões das crises existenciais, as ordens pelas negociações, a autoridade pela sedução. A escola passa a ser o templo da juventude, não mais o templo do saber.

5) "Nossa época cessou de reverenciar o estudo e a instrução. Seus ídolos estão em outros lugares (...) e não existe quase mais nada da vergonha que assolava, há pouco tempo, o mau aluno, o ignorante. Pelo contrário, ei-los que reinam na mídia, novos reis preguiçosos, que, longe de enrubescerem de não saber nada, se orgulham disto. (...) Não satisfeitos em ridicularizar a escola e a universidade, pretendem suplantá-las e provar que o sucesso e o dinheiro não passam mais por esses templos do conhecimento"[10] (Bruckner, 1995, p.90). Tudo está dito nesta citação. Muitos nem têm mais orgulho de ser alunos. Nem vergonha de nada saberem. Então, por onde "segurá-los"?

* * *

Por onde? O texto que se acaba de ler leva mais ao pessimismo que ao otimismo, pelo simples fato de ter procurado articular uma dimensão psicológica (o sentimento de vergonha) a características gerais da sociedade. A indisciplina em sala de aula não se deve essencialmente a "falhas" psicopedagógicas, pois está em jogo o lugar que a escola ocupa hoje na sociedade, o lugar que a criança e o jovem ocupam, o lugar que a moral ocupa.

Para alguns, a tentação talvez seja grande de pensar que a decorrência pedagógica evidente seja a humilhação, fazer o aluno passar ver-

---

9. COMTE-SPONVILLE, *Petit Traité des Grandes Vertues*. Paris, PUF, 1995.

10. O autor refere-se à "ignorância militante", e não, evidentemente, àquela decorrente de condições miseráveis de vida e ausência total de oportunidades de se estudar.

gonha. A eles, deixo uma criança de 12 anos responder: "Se fosse eu, pensava assim: estou todo danado mesmo, posso fazer o que eu quero" (De La Taille, 1992). Eis sua sensata opinião sobre os efeitos da humilhação: longe de prevenir delitos, os promove. Temer decair perante os olhos alheios e ser humilhado não são a mesma coisa. No primeiro caso, age-se de forma a manter a dignidade; no segundo, ela já está perdida, e tem-se ou pessoas acanhadas ou que rompem com o olhar alheio, passando a ser "desavergonhadas". A solução é exatamente contrária: reforçar, no aluno, o sentimento de sua dignidade como ser moral.

E para isto, somente resta à escola uma solução: lembrar e fazer lembrar em alto e bom tom, a seus alunos e à sociedade como um todo, que sua finalidade principal é a *preparação para o exercício da cidadania*. E, para ser cidadão, são necessários sólidos conhecimentos, memória, respeito pelo espaço público, um conjunto mínimo de normas de relações interpessoais, e diálogo franco entre olhares éticos. Não há democracia se houver completo desprezo pela opinião pública.

Bibliografia

ADLER, A. (1991) *Le sens de la vie*. Paris: Payot (primeira edição em 1933).

BRUCKNER, P. (1995) *La tentation de l'innocence*. Paris: Grasser.

COMTE-SPONVILLE, *Petit Traité des Grandes Vertues*, Paris, PUF, 1995.

DAMON, W. (1995) *Greater expectation*: overcoming the culture of indulgence in america's homes and schools. Nova York: Free Press.

DE LA TAILLE, Y.; DIAS, A.; PATARRA, I. (1995) O nascimento da consciência de ser objeto para outrem. In: XV Reunião Anual de Psicologia, 25 a 29 de outubro de 1995, Ribeirão Preto: *Resumos*, p.396.

DE LA TAILLE, Y.; MAIORINO, C.; STORTO, D.; ROOS, L. (1992) Construção da fronteira da intimidade: a humilhação e a vergonha na educação moral. *Cadernos de Pesquisa*, São Paulo. Fundação Carlos Chagas, n.82, pp.43-55.

FREIRE COSTA, J. (1989) *Psicanálise e moral*. São Paulo: EDUC.

LEWIS, M. (1992) *Shame, the exposed self*. Nova York: The Free Press.

PIAGET, J. (1932) *Le jugement moral chez l'enfant*. Paris: PUF.

PITT-RIVERS, J. (1965) Honra e posição social. In: PERISTIANY, J. G. *Honra e vergonha, valores das sociedades mediterrânicas*. Lisboa: Gulbenkian.

RAWLS, J. (1987) *Théorie de la justice*. Paris: Seuil.

RIBEIRO, R.J. (1993) A glória. In: NOVAIS, A. (org.). *Os sentidos da paixão*. São Paulo: Companhia das Letras.

SARTRE, J.-P. (1943) *L'être et le néant*. Paris: Gallimard.

SENNETT, R. (1979) *Les tyrannies de l'intimité*. Paris: Seuil.

VITALE, M.A.F. (1994) *Vergonha, um estudo em três gerações*. São Paulo: Pontifícia Universidade Católica de São Paulo (Dissertação de Mestrado).

WEINRICH, H. (1989) *Conscience linguistique et lectures littéraires*. Paris: Editions MSH.

A criança, "sua" (in)disciplina e a psicanálise

Leandro de Lajonquière*

É provável que, no futuro, as últimas décadas deste século fiquem gravadas na memória pedagógica como a época dos "problemas de aprendizagem". Consultando rapidamente os lançamentos editoriais, checando os títulos das comunicações em congressos, ou apenas dialogando com os educadores decididos a "fazer psicopedagogia", chega-se à conclusão de que os ditos problemas ou distúrbios obcecam de fato (e com razão a julgar pelas estatísticas veiculadas) os espíritos pedagógicos. No que diz respeito às causas alegadas, pode-se concluir que há, em última instância, um certo consenso. Como sabemos, a insuficiência do método de ensino utilizado, bem como o estado imaturo das capacidades psicológicas das crianças, alternam-se em ocupar o banco dos réus.

Entretanto, se tomamos uma certa distância da história oficial que o discurso pedagógico hegemônico parece estar escrevendo, e nos detemos, pelo contrário, nas conversas com nossos colegas, é possível concluir que o mal da educação atual não seria apenas um, mas dois, pois haveria de se acrescentar a chamada *indisciplina escolar*. Sob essa rubrica em particular lista-se, como acontece também em se tratando dos problemas de aprendizagem, uma série de produtos bastante díspares. Assim, temos que a indisciplina escolar se expande num intervalo de variabilidade que bem pode ir do não querer emprestar a borracha ao colega até o extremo de falar quando não foi solicitado, passando, é claro, pela conhecida resistência a sentar-se "adequadamente" na carteira.

Para além das suas singularidades, esses acontecimentos cotidianos parecem constituir um conjunto na medida em que, por um lado, opõemse àqueles considerados de natureza violenta, como, por exemplo, agredir fisicamente um colega ou furar os pneus do carro do professor, e,

---

* Psicólogo e bacharel em Ciências da Educação pela Universidad Nacional de Rosário, Argentina. Doutor em Educação pela UNICAMP. Professor da Faculdade de Educação da USP e autor de *De Piaget a Freud: para repensar as aprendizagens* (Vozes, 1993).

por outro, convergem em maior ou menor grau para o ponto de fuga que a imagem de um aluno ideal recorta no horizonte do imaginário escolar.

Pois bem, se continuamos mais um pouco o diálogo iniciado com esses colegas educadores, veremos logo que o limite entre os problemas de aprendizagem e os de indisciplina torna-se um tanto difuso — alguns comportamentos infantis ora são considerados sob uma rubrica ora sob a outra. Já quando perguntamos especificamente sobre as causas da indisciplina escolar, obtemos como resposta a enunciação da clássica série de fatores biológicos, familiares e sociais que, embora minutos antes tenham sido apresentados como responsáveis pelos problemas de aprendizagem, são também considerados, direta ou indiretamente, determinantes do grau de maturação das capacidades psicológicas do indivíduo. Por último, não é impossível escutar também que a indisciplina bem pode, por sua vez, ser causa dos problemas de aprendizagem.

Em suma, parece que não são poucos aqueles para os quais a indisciplina seria uma espécie de grande e último mal, e a qualidade das capacidades psicológicas da criança, a causa das causas.

Algum leitor pensará que essas argumentações são absurdas, decididamente pouco científicas, e, por último, que apenas constituem opiniões profissionais isoladas. Entretanto, afirmamos, modestamente, que esse leitor se engana em parte. Não há dúvida de que esses raciocínios são viciosos, porém isso não os impede de operar de fato no cotidiano escolar. Assim, nós os consideramos uma das tantas criações absurdas do "científico" discurso pedagógico hegemônico. Caso contrário, como se justificariam atitudes como, por exemplo, investir um certo tempo para que as crianças sentem em suas carteiras antes de tentar ensinar-lhes alguma coisa? Ou encaminhar ao psicopedagogo uma criança que, embora considerada inteligente, conversa na aula; temendo, portanto, que essa conduta seja o indício de algum problema de aprendizagem futuro? Ou então, realizar uma avaliação cognitiva e/ou aplicar uma série de provas projetivas com o intuito de descobrir por que uma criança teima em não querer participar de atividades grupais quando a professora assim a solicita, conforme o ditado de um método "democrático" de ensino?

Nesse contexto, cabe afirmar que, embora de uma forma não manifesta, há de fato no imaginário escolar um amálgama entre aprendizagem, disciplina e maturação psicológica. Mais ainda, lembrando a tese freudiana a propósito da eficácia do recalcado, talvez possamos dizer que essa trilogia produz efeitos no interior do campo pedagógico, na medida em que opera implicitamente.

Porém, resta-nos perguntar por que o discurso pedagógico hegemônico teima em apagar essa ligação estreita entre disciplina, aprendizagem e psicologia infantil que, pelo contrário, deixa-se ouvir nas entrelinhas da conversa entre colegas? Será talvez porque nessa espécie de saber-não-sabido se encerra precisamente a verdade do próprio discurso pedagógico hegemônico? Se por acaso assim fosse, então pareceria que ele tem alguma responsabilidade na produção dos males que os educadores suportam em seu cotidiano.

Indisciplina, psicanálise e ética

Todo ato de "indisciplina escolar", uma vez que é considerado justamente um epifenômeno de uma realidade psicológica individual, acaba motivando as interrogações seguintes:

1. deve-se encaminhar o aluno para uma avaliação clínica com vistas à descoberta das causas desse acontecimento?

2. deve-se "aplicar uma sanção" ou, simplesmente, "chamar a atenção", na expectativa de contribuir para a correção do desenvolvimento das capacidades psicológicas?

Como sabemos, assistimos no dia-a-dia da escola um leque bastante amplo de respostas, também mais ou menos cruzadas entre si. Deixando de lado toda a discussão sobre o grau de pertinência de hipotéticas resoluções de episódios singulares, analisemos a lógica que anima essas interrogações, bem como a conseqüência embutida nessa forma hegemônica de se colocar o problema da dita indisciplina — *a crescente psicologização do cotidiano escolar.*

* * *

Quando, numa escola, encaminha-se um aluno para avaliação psicológica em razão de sua indisciplina,[1] espera-se de boa-fé que assim se possa obter alguma informação útil sobre as causas do episódio. Isso parece, em princípio, tão possível como pertinente. Entretanto, o consabido desenrolar da história, ao qual esse gesto dá início, já deveria ser suficiente para que alguns profissionais tivessem começado a desconfiar de empresa semelhante. De fato, a informação recebida revela-se sempre insuficiente, pois vir a saber que há supostamente em causa uma falta de "maturação cognitiva", ou um leque variado de situações mais ou menos "traumáticas", não diz muito sobre o caráter singular do curioso acontecimento. A impossibilidade de não se obter o que se pretende e, ao contrário, apenas ganhar uma série de justificativas psicológicas que não explicam de fato o porquê de Pedro e não de Maria, não dependem da (im)potência profissional do "avaliador". A nosso ver, o problema está na natureza do pedido, isto é, na pretensão de ob-

---

1. O mesmo raciocínio é válido em se tratando dos ditos problemas de aprendizagem.

ter *um saber sobre* a singularidade de um episódio subjetivo. Justamente, enquanto a psicologia se funda no desconhecimento dessa impossibilidade estrutural, a psicanálise dedica-se a assinalá-la.

Para a psicanálise, o sujeito está, por princípio, implicado em todo ato. Por sinal, como todo aquele que consulta desconhece essa implicação, visa-se no início criar as condições para que o sujeito se interrogue sobre as causas daqueles episódios que tanto o incomodam. Assim, entregando-se à elaboração de uma teoria sobre seus sintomas, o sujeito reconstrói o processo de determinação singular dos acontecimentos "pessoais". Entretanto, lembrando a diferença, cara à psicanálise, entre *saber sobre* e *saber do* inconsciente, cabe afirmar que a "recuperação" do saber-não-sabido que se supõe na origem não é um saber sobre o acontecimento, isto é, um conhecimento mais ou menos utilitário. O analisando ganha na análise um saber de natureza um tanto *sui generis*, pois sua elaboração narrativa do passado, longe de produzir um saber explicativo mais ou menos corriqueiro sobre o acontecido, apenas "recupera" o saber inerente à contingência singular do acontecimento.

Conforme a psicanálise, a capacidade de produzir efeitos subjetivos não deriva da possibilidade de utilização do saber em si, mas, ao contrário, do funcionamento do próprio processo de produção desse *saber sobre*. Por outro lado, considerando o caráter irredutivelmente contingencial de todo acontecimento, o saber produzido é inútil *per se*. Nesse sentido, podemos afirmar que o *saber sobre as causas*, enquanto está nas mãos do produtor, na modalidade *saber de*, guarda todo seu poder; entretanto, quando cai nas mãos de terceiros, revela-se sua ineficácia, derivada precisamente do singular caráter contingencial.

Dessa forma, a pretensão de alguns educadores, de vir a saber sobre a singularidade subjetiva do agir de um aluno, por um lado, está fadada ao fracasso uma vez que apenas ele mesmo poderia, chegado o caso, valer-se "utilmente" de "seu" saber a produzir, e, por outro, acaba contribuindo com a *psicologização do cotidiano escolar*. Isso é infelizmente assim, pois o fato de pensar que haveria uma essência psicológica da dita indisciplina escolar, bem como que seria possível usufruir institucionalmente de um saber a seu respeito, determina o aparecimento, de direito, de uma série de instâncias de avaliação preventiva, diagnóstico e/ou tratamento escolar ou paraescolar, nas quais hoje em dia cifra-se, paradoxalmente, o destino da empresa pedagógica.

Cabe assinalar também que é totalmente injustificado apelar, nesse sentido, à psicanálise como, aliás, hoje tem virado moda na (psico)pedagogia. A psicanálise não pode dar aquilo que a psicologia tenta, em vão, outorgar à educação. Por um lado, esbarra-se, como vimos, na natureza do saber e, por outro, na lógica própria de sua produção. Com efeito, enquanto o saber singular produzido pela e na psicanálise se dá sempre *a posteriori*, a pedagogia alicerça o cotidiano escolar a partir da acumulação de um conjunto de saberes universais *a priori*.[2] Assim, os conhecimentos produzidos à luz da conexão psicanálise/educação se revelam inúteis no sentido da predição.

Entretanto, aquilo que pode ser feito no contexto dessa conexão é, precisamente, o assinalamento do caráter radicalmente impossível do pedido e, com isso, levar a pedagogia a se interrogar sobre o fato de reiterá-lo com insistência. Mais ainda, cabe dizer, fazendo uso de uma sabedoria foucaultiana, que a psicanálise também aponta o fato de ser justamente na história que se descobre o *"a priori* concreto", em que todo acontecimento subjetivo toma, com "a abertura vazia de suas possibilidades, suas figuras necessárias" (Foucault, 1991, p.96).

Essa afirmação é válida tanto na dimensão da clínica *stricto sensu* quanto na análise do insistente pedido de *saberes a priori*, formulado pela pedagogia. Nesse sentido, assim como na análise o sujeito "recupera-se" (parcialmente) na história, a psicanálise pode, perante o pedido escolar, endereçar-nos ao passado educacional.

* * *

Quando, nas escolas de hoje, formula-se a pergunta sobre a pertinência de aplicar uma sanção, conforme o desenvolvimento suposto das capacidades psicológicas do "indisciplinado", está se virando uma página um tanto curiosa na história da educação. Com efeito, até não muito tempo atrás, era bastante comum que os educadores aplicassem, sem muita dúvida, sanções pedagógicas como, por exemplo, escrever mil vezes "não devo conversar na aula" ou ficar em pé horas a fio na frente da classe. Vale também acrescentar que, até o século XVIII, era impossível que alguém acalentasse aquele tipo de dúvida. Além disso, a (hoje denominada) "indisciplina escolar" simplesmente motivava a administração, mais ou menos cerimoniosa, de castigos corporais. Assim, temos que do "sadismo pedagógico" (Manacorda, 1995) ou da "pedagogia humilhante" (Ariès, 1981) de outrora, passamos hoje ao reinado da interrogação acerca da pertinência psicológica de vir a aplicar algum tipo de sanção escolar. Por sinal, a Escola Nova fez dessa dúvida pedagógica justamente o eixo de sua reflexão.

Posto isso, não devemos nos apressar em tomar com orgulho o fato de vivermos outros tempos pedagógicos, pois o presente está longe de ser o humanista que se pensa por oposição a um suposto passado selvagem. Além de não estarmos propondo retornar a velhos hábitos, o fato de que, hoje, a aplicação em si de qualquer sanção se faça em no-

---

2. Desenvolvemos essa problemática em "O legado pedagógico de Jean Itard. A pedagogia: ciência ou arte?" *Educação e Filosofia*, v.6, n.12, 1992.

me de um suposto destino psicológico-maturacional que se almeja garantir é, por seu lado, matéria de preocupação. Como sabemos, uma coisa é debater acerca da necessidade da lei, e outra, muito diferente, é debater sobre sua justificativa.

No cotidiano escolar atual, é o debate sobre a conveniência psicológica da lei que ocupa os espíritos pedagógicos. Mais ainda, assistimos nas escolas uma convivência curiosa entre a clássica verborragia acerca da inocente imaturidade infantil, bem como da bondade professoral, e um leque variado de decisões docentes arbitrárias e caprichosas.

Isso não se deve, aliás, ao acaso. Com efeito, duvidar da necessidade de existir obrigações escolares deriva, em última instância, da ilusão de poder vir a dispensar a existência da lei no seio do campo subjetivo. Assim, não devemos nos surpreender se assistimos ao império do arbítrio de uns poucos que, na tentativa de mascarar a natureza injustificada de suas decisões, propalam aos quatro ventos sua bondade, bem como a imaturidade dos outros (in)disciplinados.

Nesse sentido, interrogar-se sobre o que justifica o agir disciplinar docente de todos os dias seria, precisamente, desestabilizá-lo, uma vez que se acabaria por assinalar seu caráter quase sempre caprichoso, embora "justificado" psicologicamente. Em outras palavras, revelar-se-ia que no cotidiano escolar não imperam verdadeiras leis, mas, hegemonicamente, quase leis, ou, se preferirmos, apenas regras ou normas morais.

Enquanto a lei é a expressão da vontade geral de renunciar a alguma coisa (aquilo que a lei proíbe), a regra, ao contrário, é o princípio constitutivo de hábitos morais. Isto é, a lei proíbe e abre um leque de possíveis-outros. Entretanto, a regra prescreve categoricamente a prática de atos concretos. Em suma, a lei diz "não faça isso, porém faça outra coisa"; a regra formula o imperativo de fazer como todos ou, caso contrário, não fazer nada.

A lei se autofunda, ou seja, justifica-se na renúncia que (a) instaura. Assim, a lei não visa fabricar um indivíduo virtuoso, uma sociedade ideal ou um grupo moralmente homogêneo. Ela coloca em ato uma diferença na medida da falta que instaura no todo. Porém, a regra se justifica numa outra coisa além de si mesma, ou seja, aplica-se em nome da necessidade de dar cumprimento a um programa moral e/ou um processo maturacional de supostas capacidades afetivo-intelectuais no intuito de fabricar *Um-Todo* pleno e desenvolvido.

Assim sendo, temos que, por um lado, a lei se funda numa contingência simbólica (bem poderia ser o contrário; entretanto, o sujeito renuncia em nome da lei para todos) e, por outro, a regra impera em nome da necessidade imaginária de fazer *Um-Todo* graças à negação de qualquer alteridade. Nesse sentido, cabe afirmar que enquanto a lei faz ex/istir (existir fora de si) um sujeito do desejo (do proibido), ou seja, um sujeito da diferença (essa não, as restantes sim), a regra fabrica um indivíduo psicológico fechado em si mesmo e preso à ilusão narcisista de vir a fazer *Um-Todo* com o outro.

Em outras palavras, de um lado, a lei é solidária à *ética* e, de outro, a regra, à *moral*.[3] Ou, mais ainda, lembrando certa nomenclatura lacaniana, digamos que, enquanto o estatuto da lei é *simbólico*, o da regra é *imaginário*.

Nesse contexto, não perdendo de vista que o cotidiano escolar se articula em torno de uma série de *saberes a priori* (os didático-metodológicos) justificados em teorias psicológicas do desenvolvimento natural, afirmamos que na escola o que de fato está em pauta é, em última instância, um programa (hoje, caricato) de moralização da infância. Assim, se o dia-a-dia da escola se estrutura com vistas a fabricar uma criança afetivo-cognitiva ideal, bem como a partir da ilusão de que tal coisa é possível na medida do apego a uma lógica *a priori* de desenvolvimento necessário, não devemos, então, nos surpreender que o surgimento do *imprevisto* (ou acontecimento) seja considerado um *desvio* em relação a uma norma. Isto é, tudo aquilo que foge a um programa moral e/ou natural é, inevitavelmente, considerado um *incidente* de indisciplina, em vez de ser pensado como o retorno *sui generis* da diferença que habita o campo subjetivo.

Mais ainda, cabe afirmar que a psicologização crescente do cotidiano escolar (traço distintivo da educação deste século) não é mais do que o reverso da moral educativa moderna, bem como a tentativa ingênua de conseguir o impossível: garantir que a suposta criança ideal se revele, no futuro, um adulto a quem nada falta. Os procedimentos e cuidados "psi" acabam, na tentativa de normalizar o processo pedagógico, estreitando a dimensão simbólica de toda lei e criando, assim, um espaço moral articulado precisamente sobre a lógica do registro do imaginário: ou tudo ou nada.

Dessa forma, o aluno disciplinado é aquele que se encaixa no molde de uma criança ideal, e o indisciplinado é, ao contrário, aquele cuja imagem aparece institucionalmente fora de foco. Como sabemos, ao primeiro se reserva tudo; ao segundo, seu reverso narcísico — o império arbitrário da quase lei da (psico)pedagogia hegemônica.[4]

Escola, infância e modernidade

A ligação estreita entre disciplina, aprendizagem e psicologia da criança, que está implícita no cotidiano escolar atual, articula-se a partir de um certo estatuto da infância.

---

3. Sobre a dicotomia ética/moral no campo educativo pode-se consultar IMBERT, F. *Pour une praxis pédagogique* (1985) e *La question de l'ethique* (1987).

4. O império desse arbítrio está precisamente implicado na gestação da violência escolar. Consultar DEFRANCE, B. *La violence à l'école* (1992).

Com efeito, disciplinar os hábitos das crianças, pensar a aprendizagem como o desdobrar inelutável de um programa e sustentar a tese da existência de capacidades psicológicas maturacionais justificam-se necessariamente em torno da idéia da criança como um *adulto-em-desenvolvimento*. Em outras palavras, se não se pensasse que na criança de hoje reside a chave do amanhã do adulto, não teria sentido dispor o cotidiano escolar em função de um *dever-ser infantil*.

Mais ainda, hoje em dia, à criança cabe dar, sistematicamente, prova de que ao adulto do futuro nada vai faltar, pois assim o adulto do presente usufrui de uma certa felicidade. Como sabemos, quando um adulto olha nos olhos de uma criança, e enfoca de fato os olhos da criança ideal, recupera a felicidade que acredita ter perdido, uma vez que lhe retorna do fundo deste olhar sua imagem às avessas. Ou seja, na forma educada que hoje temos de tratar a infância está em jogo uma operação importante do ponto de vista da economia gozosa do adulto. Assim, não deve nos surpreender que a imagem de uma criança ideal tire, obcecadamente, o sono dos espíritos pedagógicos.

O que se almeja na atualidade não é mais que uma criança aprenda aquilo que ela não sabe e o adulto sim (cavalgar, dançar, fazer pão ou decorar o *Organon* de Aristóteles), porém fazer dela esse *ao menos um adulto* que, no futuro, não padeça das nossas impotências atuais. Em outras palavras, se antes se pedia, com ou sem chicotes, à criança que fosse um adulto mais ou menos educado, com o tempo passou-se a almejar cada vez mais que possuísse no futuro toda a potência imaginária que o adulto pensa que lhe falta e que, portanto, não o deixa ser feliz.

Entretanto, se o que agora passa a se demandar é algo tão impossível quanto o era, em última instância, o anterior, isso deve ser necessariamente de uma outra qualidade a tal ponto que o cotidiano escolar não só em nada se parece às pequenas escolas do século XV, como também passou a justificar-se a partir de uma singular ligação entre disciplina, aprendizagem e psicologia infantil.

Se na atualidade espera-se que as crianças venham a ser adultos possuidores de tudo aquilo que hoje nós não temos imaginariamente, bem como, por cima, trata-se de consegui-lo graças à metódica observância de um programa tanto moral quanto natural, então, por um lado, toda empresa pedagógica acaba se revelando pouco eficaz, e, por outro, os alunos acabam se transformando em crianças mais ou menos indisciplinadas.

Isso acontece uma vez que o norte da moderna empresa pedagógica é uma criança feita de um puro estofo imaginário. Tanto a pretensa eficácia pedagógica quanto a disciplina perfeita não podem menos que implicar a desaparição da distância entre um aluno real e a criança ideal. Em outras palavras, o cotidiano escolar se articula em torno da tentativa de vir a apagar a diferença que habita no campo subjetivo.

Pois bem, que diferença é essa que habita o sujeito? Vejamos. Conforme a psicanálise, aquilo que está em questão no comentado *estádio do espelho* é o reconhecimento da própria imagem ou um processo identificatório primordial que possibilita ao *infans* funcionar como UM junto a outros, no interior de um sistema simbólico de intercâmbios.

Assim, lembremos apenas que:

Primeiro: a imagem especular unifica, isto é, fabrica o UM onde antes havia apenas fragmentos, na medida em que ela é em si mesma uma *promessa de unidade*.

Segundo: nessa promessa, o adulto antecipa de fato o futuro para a criança, uma vez que a unidade refletida no espelho é uma unidade a ser conquistada, ou seja, não é no real.

Terceiro: essa imagem especular está, em certo sentido, carregada de desejo.

Quarto e último: essa criança-imagem que o adulto recorta na superfície do espelho é o reverso imaginário daquilo que a ele falta.

Desta forma, o processo de reconhecimento da própria imagem está vetorizado pelo fato de o adulto fazer circular na cena inconsciente uma mensagem como a seguinte: "se você é como aquele que aparece no espelho, você ganha a unidade que te falta e, por acréscimo, entra no circuito do desejo, uma vez que é assim que eu quero você".

Entretanto, as coisas não são tão simples, uma vez que, como sabemos, a assunção dessa imagem como sendo a própria é a instalação de um paradoxo. Quando um sujeito se reconhece no espelho e afirma "este que está aí sou eu" está de fato afirmando uma coisa um tanto contraditória, segundo os manuais de lógica do colegial. Assim, o sujeito se vê onde não está, ele diz estar num lugar fora de si mesmo ou, em suma, o sujeito diz ser aquele que não é.

Nesse sentido, podemos afirmar que a experiência especular, ao mesmo tempo que unifica o *infans*, coloca o sujeito numa verdadeira encruzilhada, uma vez que o divide em duas partes: aquela que o representa (embora não sendo ele) perante os outros e "si mesmo", e a outra que, se não fosse pela divisão ocorrida, seria supostamente "ele mesmo", porém sem poder saber que ele é.

Assim, a fala do adulto (o registro simbólico) instaura no mundo infantil (no real) um paradoxo insolúvel (a lógica imaginária) entre o *dever ser* como essa imagem e o fato de que, quanto mais o sujeito a assume como própria, mais deixa de ser ele. Mais ainda, cabe dizer que a articulação desse paradoxo, como aliás qualquer outro, reinstala permanentemente uma diferença.[5]

---

5. Essa articulação é função das vicissitudes do Édipo. Analisamos isso com maiores detalhes em nosso trabalho *De Piaget a Freud: para repensar as aprendizagens.*

Dessa forma, instala-se para sempre, no âmago da subjetividade, uma diferença que, deixando incompleto o (dever) SER, faz de todos nós *um sujeito do desejo.*

Nesse contexto, lembrando que o discurso pedagógico hegemônico pede às crianças que venham de fato a encarnar, no real da existência escolar, tudo aquilo que elas não são e que está feito de sonhos didático-pedagógicos, afirmamos que o cotidiano escolar se estrutura com vistas a conseguir o impossível.

Tentando ser mais ilustrativos, digamos que a pedagogia moderna fantasia ser possível que, quando um sujeito qualquer se olha num espelho, não se faça presente a distância entre o lado de cá e o lado de lá, ou a distância entre o espelho e a criança que "se" olha (lembrando da breve referência à experiência especular). Em suma, ela almeja suturar a fenda mesma do desejo.

Chegados a esse ponto, perguntemo-nos pelas razões do aparecimento dessa nova e louca exigência educativa, bem como da necessidade de passar a se recalcar a radical impossibilidade de vir a satisfazê-la.

Em primeiro lugar, lembremos que o adulto quando olha nos olhos de uma criança se vê refletido às avessas, como "outrora" ele via no espelho "sua" própria imagem.

Isso é assim pois, como Freud afirmara no texto de 1914, *Sobre o Narcisismo*, o amor parental se articula conforme os caminhos da *eleição de objeto narcisista.* Nesse sentido:

— ama-se o que se é enquanto ideal;

— ama-se o que se foi para um outro;

— ama-se o que se gostaria de ser;

— e, por último, ama-se a pessoa que foi parte de nós mesmos, isto é, o perdido.

Assim, temos que os adultos gostam das crianças na medida em que fazem parte de um circuito narcísico, no qual está em jogo a sustentação de um ideal de plenitude.

Em segundo lugar, cabe dizer que embora Freud acreditasse que a criança — enquanto esperança narcísica — fosse uma espécie de universal psíquico trans-histórico, alguns historiadores das mentalidades (como, por exemplo, Phillipe Ariès) nos alertam para a possibilidade contrária. Segundo esse historiador francês, a criança adquire o lugar de destaque que hoje possui no imaginário social apenas com o advento da modernidade. Mais ainda, assinalemos que a conquista desse novo lugar é solidária à constituição da família nuclear que, por sua vez, é efeito de um remanejamento generalizado dos limites entre o público e o privado, em torno do surgimento renascentista do indivíduo moderno (Duby, 1990).

Dessa forma, se a criança-esperança é uma invenção da modernidade, então, não é por acaso que a pedagogia atual passe a se articular em torno de uma louca exigência, qual seja: a de pedir à criança que venha de fato a concretizar, sem resto nenhum, um ideal de maneira tal que lhe outorgue um bem-estar narcísico.

Cabe agora perguntar o porquê histórico dessa necessidade psíquica adulta, para assim concluir que não é nenhuma condenação dos deuses que os pedagogos de hoje sofram da suposta ineficácia de sua empresa profissional, bem como da (in)disciplina de seus alunos.

Em primeiro lugar, cabe assinalar que, como afirmara Foucault (1994), na chamada modernidade se opera uma transformação radical das estratégias de poder. A diferença dos tempos pré-modernos é que assistimos a consolidação, no campo do cotidiano, de uma série de mecanismos científico-disciplinares. Enquanto mecanismos histórico-rituais de subjetivação de outrora recortavam a singularidade de um *homem-memorável*, agora, as pequenas coisas da vida cotidiana moderna passam a fabricar um *homem-calculável*. Em resumo, na modernidade o cotidiano passa a se organizar, distintamente de outrora, em torno do futuro, isto é, da possibilidade de realizar um cálculo prospectivo, e não a partir de uma referência ao passado.

Em segundo lugar, cabe afirmar que, devido a esse remanejamento no cotidiano, o homem moderno, diferente do pré-moderno que se orientava na vida *fazendo memória*, passa a requerer um outro referente.

Em terceiro lugar, vale assinalar que enquanto o passado pode ser narrado e, assim, a palavra orienta o sujeito na medida em que o localiza numa história, o futuro, pelo contrário, apenas pode ser imaginado, uma vez que toda palavra o faria automaticamente passado.

Em quarto e último lugar, devemos ter claro que, na medida em que o cotidiano moderno objetiva tirar do homem sua referência ao passado, acaba condenando-o justamente a se referir à criança como se fosse possível caminhar, sossegadamente, para a frente enquanto se olha num espelho. Pareceria, em suma, que o homem moderno não pode abrir mão da criança-esperança, e, portanto, o cotidiano escolar tem razão de ser como ele é.

Entretanto, que a história tenha de fato "acabado" assim não significa que deva sê-lo de direito, uma vez que (e apesar do que alguns intelectuais pensam) ela não tem um fim escrito de antemão. Modestamente, parece-nos que uma das formas para sair do atoleiro moderno é ir precisamente na contramão, isto é, referir-se ao passado.

Quando um adulto narra uma história, chega um momento em que as crianças se perguntam "será que foi assim mesmo?". Dessa forma, planta-se uma dúvida no passado e instala-se o tempo do *teria sido*, ou seja, do chamado *futuro anterior*. Assim, a referência ao passado coloca em funcionamento a palavra que, ao instaurar um resto na história, o relança para a frente, esvaziando o presente e abrindo a possibilidade de construir um futuro que não seja o avesso do que já foi.

Pois bem, se afirmamos, por um lado, que a razão de ser da (in)disciplina é a própria lógica do cotidiano escolar, estruturado a partir da idéia da *criança-em-desenvolvimento* que, por sua vez, é uma invenção do espírito moderno, e, por outro, esse último é possível de ser exorcizado apenas com a referência ao passado, então, nada impede educadores de se desvencilharem do seu mal-estar profissional.

Como se faz isso? É muito simples: abrindo mão, justamente, do discurso pedagógico hegemônico.

E isso como é que se faz? Em primeiro lugar, há que aprender a desistir um pouco da exigência louca de querer reencontrar no aluno real a criança ideal; e, em segundo, deve-se contestar o processo de psicologização do cotidiano escolar, em especial a ilusão metodológica.[6]

Assim, livres moralmente dos imperativos pedagógicos, nos dedicaremos a *reinventar o cotidiano escolar*. Ofertando aos alunos cultura e não migalhas pedagógicas embrulhadas em bondade psicoafetiva,[7] estaremos acertando eticamente nossas contas com o passado que nos assujeita. Por acréscimo, como aliás a história nos mostra e a própria psicanálise afirma *a priori*, as crianças sempre algo aprenderão para além de toda "sua" (in)disciplina.

Bibliografia

ARIÈS, P. (1981) *História social da criança e da família*. Rio de Janeiro: Guanabara.

CALLIGARIS, C. (1995) Três conselhos para a educação das crianças. In: CALLIGARIS et al. *Educa-se uma criança?* Porto Alegre: Artes e Ofícios, pp.25-30.

DEFRANCE, B. (1992) *La violence à l'école*. Paris: Syros-Arternatives.

DE LAJONQUIÈRE, L. (1994a) Epistemologia e psicanálise: o estatuto do sujeito. *Percurso. Revista de Psicanálise*, v.VII, n.13, pp.57-63.

_____ (1994b) Deficiências sensoriais e subjetividade. Notas críticas à ideologia reabilitadora. *Educação & Sociedade*, v.XV, n.48, pp.304-325.

_____ (1993a) *De Piaget a Freud: para repensar as aprendizagens*. Petrópolis: Vozes.

_____ (1993b) A transformação das práticas educativas e a Oficina de Educadores. Notas introdutórias. *Educação & Sociedade*, v.XIV, n.46, pp.460-475.

---

6. Nem uma nem outra mudança têm possibilidade de advir no contexto dos ditos cursos de reciclagem docente, pois o que está em questão é a relação escolar do sujeito ao saber. Analisamos essa questão em "A transformação das práticas educativas e a Oficina de Educadores". Notas introdutórias. *Educação & Sociedade*, v.XIV, n.46, 1993.

7. Isto é, por exemplo, contar aos alunos a história da rainha Carlota ou do vestido, explicar a química embutida na feitura do pão ou simplesmente encarar a tarefa de fazê-lo e vendê-lo, bem como fazer contas e ler livros e não fazer psicodrama escolar, ler livros pedagogicamente censurados, como também passar horas a fio jogando o jogo da velha à espera de virar prêmios Nobel ou apenas que diminua a suposta fraqueza espiritual.

_____ (1992) O legado pedagógico de Jean Itard. A pedagogia: ciência ou arte? *Educação e Filosofia*, v.6, n.12, pp.37-51.

DELUMEAU, J.; ROCHE, D. (1990) *Histoire des pères et de la paternité*. Paris: Larousse.

DUBY, G. (org.) (1990) *História da vida privada* — vol. 2. São Paulo: Companhia das Letras.

FOUCAULT, M. (1994) *Vigiar e punir*. Petrópolis: Vozes.

_____ (1991) *Doença mental e psicologia*. Rio de Janeiro: Tempo Brasileiro.

IMBERT, F. (1987) *La question de l'etique*. Vigneux: Éditions Matrice.

_____ (1985) *Pour une praxis pédagogique*. Vigneux: Éditions Matrice.

JERUSALINSKY, A. (1995) Apesar de você, amanhã há de ser outro dia. In: CALLIGARIS, C. et al. *Educa-se uma criança?* Porto Alegre: Artes e Ofícios, pp.13-23.

MANACORDA, M.A. (1995) *História da educação*. São Paulo: Cortez.

MANNONI, M. (1983) *La educación imposible*. México: Siglo XXI.

_____ (1967) *L'enfant, sa "maladie" et les autres*. Paris: Seuil.

MANNONI, O. (1982) Psicoanálasis y enseñanza. In: _____. *Un comienzo que no termina*. Barcelona: Paidós, pp.53-72.

MEDEIROS, C. (1995) *A disciplina escolar*: a (in)disciplina do desejo. Natal: Universidade Federal de Rio Grande do Norte (Dissertação de Mestrado).

A desordem na relação professor-aluno:
indisciplina, moralidade e conhecimento

Julio R. Groppa Aquino*

> *Eu sempre sonho que uma coisa gera,*
> *nunca nada está morto.*
> *O que não parece vivo, aduba.*
> *O que parece estático, espera.*
> ADÉLIA PRADO

Eu tô aqui pra quê? Será que é pra aprender? Ou será que é pra aceitar me acomodar e obedecer? Assim inicia uma canção de imensa difusão entre jovens e crianças, de Gabriel O Pensador, intitulada sintomaticamente "Estudo Errado".

Independentemente da crueza do argumento, as questões colocadas pelo "pensador" rapista vêm corroborar algumas inquietações comuns aos educadores e aos teóricos: o que estaria acontecendo com a educação brasileira atualmente? Qual o papel da escola para a sua clientela e seus agentes? Afinal de contas, sua função primordial seria a de veicular os conteúdos classicamente preconizados ou tão-somente conformar moralmente os sujeitos a determinadas regras de conduta?

Alguns, mais zelosos de suas funções, não tardariam a responder que o papel essencial da escolarização é atender a dimensão imediatamente *epistêmica* do ensino, isto é, a escola estaria a serviço da apropriação, por parte da criança e do adolescente, dos conhecimentos acumulados pela Humanidade. Outros se remeteriam a uma dimensão *socializante* da escola, definindo-a como ensaio, preparação do jovem cidadão para o convívio em grupo e em sociedade. Outros, ainda, lembrariam a dimensão *profissionalizante* da educação, assegurando-lhe a tarefa de qualificação para o trabalho.

---

* Mestre e doutor em Psicologia Escolar pelo Instituto de Psicologia da USP, professor da Faculdade de Educação da USP e autor de *Confrontos na sala de aula: uma leitura institucional da relação professor-aluno* (Summus, 1996).

Tendo em mente esta tríade funcional historicamente atribuída à instituição escolar, não nos é possível passar ao largo dos eventos espasmódicos de indisciplina (e até mesmo de violência), que atravessam o espaço escolar contemporâneo, sem nos espantar. Turbulência e/ou apatia nas relações, confrontos velados, ameaças de diferentes tipos, muros, grades... O quadro nos é familiar e dele não precisamos de maiores configurações.

A visão, hoje quase romanceada, da escola como lugar de florescimento das potencialidades humanas parece ter sido substituída, às vezes, pela imagem de um campo de pequenas batalhas civis; pequenas, mas visíveis o suficiente para incomodar. O que fazer?

Para aqueles preocupados com a problemática da indisciplina, o aprofundamento das discussões exige, sem dúvida, um recuo estratégico do pensamento. Quais os significados da indisciplina escolar? E quais os recursos possíveis de enfrentamento do tema quando tomado como objeto de reflexão e/ou problema concreto? Mãos à obra, então.

Em torno da circunscrição do tema

Embora o fenômeno da indisciplina seja um velho conhecido de todos, sua relevância teórica não é tão nítida. E o pouco número de obras dedicadas explicitamente à problemática vem confirmar este dado. Um tema, sem dúvida, de difícil abordagem.

Os relatos dos professores testemunham que a questão disciplinar é, atualmente, uma das dificuldades fundamentais quanto ao trabalho escolar. Segundo eles, o ensino teria como um de seus obstáculos centrais a conduta desordenada dos alunos, traduzida em termos como: *bagunça, tumulto, falta de limite, maus comportamentos, desrespeito às figuras de autoridade etc.*

Outro dado significativo refere-se ao fato de a indisciplina atravessar indistintamente as escolas pública e privada. Enganam-se aqueles que a supõem mais ou menos presente apenas em determinado contexto. Vale lembrar que, embora diferentes significados sejam atribuídos à problemática e até mesmo os próprios objetivos educacionais subjacentes a ambas possam ser distintos, elas parecem sofrer o mesmo tipo de efeito. Não se trata, pois, de uma espécie de desprivilégio da escola pública; muito pelo contrário.

A indisciplina seria, talvez, o inimigo número um do educador atual, cujo manejo as correntes teóricas não conseguiriam propor de imediato, uma vez que se trata de algo que ultrapassa o âmbito estritamente didático-pedagógico, imprevisto ou até insuspeito no ideário das diferentes teorias pedagógicas. É certo, pois, que a temática disciplinar passou a se configurar enquanto um problema interdisciplinar, transversal à Pedagogia, devendo ser tratado pelo maior número de áreas em torno das ciências da educação. Um novo problema que pede passagem.

Decorre disto que, apesar de o manejo disciplinar ter sempre estado em foco de um modo ou de outro nas preocupações dos educadores, o que teria acontecido com as práticas escolares a ponto de a indisciplina ter se tornado um obstáculo pedagógico propriamente?

Nossos antecessores talvez nunca tenham cogitado isto, uma vez que as prescrições disciplinares eram consideradas uma decorrência inequívoca do exercício docente. Ora, o mundo mudou, nossos alunos mudaram. Mudou a escola? Mudamos nós?

Estas tantas questões nos levam, enfim, a considerar a indisciplina como um sintoma de outra ordem que não a estritamente escolar, mas que surte no interior da relação educativa. Ou seja, ela não existiria como algo em si, um evento pedagógico particular, e, no caso, antinatural ou desviante do trabalho escolar.

Da mesma forma que não é possível supor a escola como uma instituição independente ou autônoma em relação ao contexto sóciohistórico (isto é, às outras instituições), não é lícito supor que o que ocorre em seu interior não tenha articulação aos movimentos exteriores a ela. Claro está também que as relações escolares não implicam um espelhamento imediato daquelas extra-escolares. Vale dizer que é mais um entrelaçamento, uma interpenetração de âmbitos entre as diferentes instituições que define a malha de relações sociais do que uma suposta matriz social e supra-institucional, que a todos submeteria.

Em termos analógicos, as instituições seriam como peças do tabuleiro social que vão desenhando novas configurações e, portanto, múltiplos sentidos no vazio do tabuleiro quando tomado como algo em si. Abstenhamo-nos, pois, de supor a escola como donatária imediata de um social abstrato, encarado como um terceiro em relação às instituições. Ele, o decantado "social", também é efeito, e nunca causa primeira.

Posto isto, as leituras possíveis do fenômeno findam por implicar uma análise transversal ao âmbito didático-pedagógico. Vejamos como isto pode se dar de acordo com dois olhares distintos sobre o tema: um sóciohistórico, tendo como ponto de apoio os condicionantes culturais, e outro psicológico, rastreando a influência das relações familiares na escola.

O olhar sócio-histórico: a indisciplina como força legítima de resistência

Se admitirmos que as práticas escolares são testemunhas (e sempre protagonistas) das transformações históricas, isto é, que seu perfil vai adquirindo diferentes contornos de acordo com as contingências socioculturais, temos que admitir também que a indisciplina nas escolas revela algo interessante sobre os nossos dias. Vejamos por quê.

Iniciemos examinando um texto bastante curioso do início do século (1922), intitulado *Recommendações Disciplinares*, que demonstra claramente os ideais disciplinares de então. Perceba-se também a naturalidade com que o trato da indisciplina era previsto:

Não ha creanças refractarias á disciplina, mas somente alumnos ainda não disciplinados. A disciplina é factor essencial do aproveitamento dos alumnos e indispensavel ao homem civilisado. Mantêm a disciplina, mais do que o rigor, a força moral do mestre e o seu cuidado em trazer constantemente as creanças interessadas em algum assumpto util.

Os alumnos se devem apresentar na escola minutos antes das 10 horas, conservando-se em ordem no corredor da entrada, para dahi descerem ao pateo onde entoarão o cantico.

Formados dois a dois dirigir-se-hão depois ás suas classes acompanhados das respectivas professoras, que exigirão delles se conservem em silencio e entrem nas salas com calma, sem deslocar as carteiras.

Deverão andar sempre sem arrastar com os pés, convindo que o façam em terça, evitando assim o balançar dos braços e movimentos desordenados do corpo.

Em classe a disciplina deverá ser severa:

— os alumnos manterão entre si silencio absoluto;

— não poderá estar de pé mais de um alumno;

— a distribuição do material deverá ser rapida e sem desordem;

— não deverão ser atirados ao chão papeis ou quaesquer cousas que prejudiquem o asseio da sala;

— sempre que se retire da sala, a turma a deixará na mais perfeita ordem.

No recreio a disciplina é ainda necessaria para que elle se torne agradavel aos alumnos bem comportados:

— deverão os alumnos se entregar a palestras ou a diversões que não produzam grande alarido;

— deverão merecer attenção especial os alumnos que se excederem em algazarras com prejuizo da tranquillidade dos demais;

— serão retirados do recreio ou soffrerão a pena necessaria os alumnos que gritarem, fizerem correrias, damnificarem as plantas ou prejudicarem o asseio do pateo com papeis, cascas de fructas, etc.;

— deverão os alumnos no fim do recreio formar com calma sem correrias, pois que o toque de campainha é dado com antecedencia necessaria.

Deverão os alumnos lavar as mãos e tomar agua no pavimento em que funccionar a classe a que pertençam.

Não poderão tomar agua nas mãos; a escola fornece copos aos alumnos que não trazem o de seu uso.

Deverão ter todo o cuidado para não molhar o chão, ainda mesmo juncto ás pias e talhas.

*Ao findarem os trabalhos do dia, cada classe seguirá em forma
e em silencio até a escada da entrada, e só descida esta, se dispersarão
os alumnos. (Braune* apud *Moraes, 1922, pp.9-10)*

Note-se que as correções disciplinares se fazem necessárias principalmente no que tange ao controle e ordenação do corpo e da fala. O silêncio nas aulas é absoluto e, fora delas, contido. Os movimentos corporais, por sua vez, são completamente esquadrinhados: sentados em sala, e em filas fora dela.

A um educador menos avisado, esta descrição do cotidiano escolar poderia evocar um certo saudosismo de uma suposta *educação de antigamente*. Quase sempre idílica, esta escola do passado é, ainda para muitos, o modelo almejado. Ora, não é difícil constatar que aquela disciplina era imposta à base do castigo ou da ameaça dele; segundo a autora, de acordo com as "penas necessárias". Medo, coação, subserviência. É isto que devemos saudar?

Também é possível deduzir que a estrutura e o funcionamento escolares de então espelhavam o quartel, a caserna; e o professor, um superior hierárquico. Uma espécie de militarização difusa parecia, assim, definir as relações institucionais como um todo.

É presumível, portanto, que as relações escolares fossem determinadas em termos de obediência e subordinação. O professor não era só aquele que sabia mais, mas que podia mais porque estava mais próximo da lei, afiliado a ela. Sua função precípua, então, passa a ser a de modelar moralmente os alunos, além de assegurar a observância dos preceitos legais mais amplos, aos quais os deveres escolares estavam submetidos.

Ora, com a crescente democratização política do país e, em tese, a desmilitarização das relações sociais, uma nova geração se criou. Temos diante de nós um novo aluno, um novo sujeito histórico, mas, em certa medida, guardamos como padrão pedagógico a imagem daquele aluno submisso e temeroso. De mais a mais, ambos, professor e aluno, portavam papéis e perfis muito bem delineados: o primeiro, um general de papel; o segundo, um soldadinho de chumbo. É isto que devemos saudar?

Outro dado problematizador deste mito da escola de outrora refere-se ao fato de ela ser um espaço social pouco democrático. Aliás, o direito à escolaridade básica de oito anos é uma conquista social muito recente na história do país; basta lembrarmos os exames de admissão de antes do início dos anos 70.

No caso do Estado de São Paulo, relata um dos protagonistas da reforma da época: "O problema maior [da expansão maciça do ensino ginasial] consistiu na resistência de grande parcela do magistério secundário que encontrou ampla ressonância no pensamento pedagógico da época. Raros foram os que tomaram posição na defesa da política de ampliação das vagas, embora todos, como sempre, defendessem a democratização do ensino. A alegação de combate, já tantas vezes enunciada, era sempre a mesma: o rebaixamento da qualidade do ensino" (Azanha, 1987, p.32).

É possível afirmar, portanto, que esta escola de outrora tinha um caráter elitista e conservador, destinando-se prioritariamente às classes sociais privilegiadas. Ou melhor, o acesso das camadas populares à escola era obstruído pela própria estruturação escolar da época. O que os dias atuais atestam, no entanto, é que as estratégias de exclusão, além de continuarem existindo, sofisticaram-se. Se antes a dificuldade residia no acesso propriamente, hoje o fracasso contínuo encarrega-se de expurgar aqueles que se aventuram neste trajeto, de certa forma, ainda elitizado e militarizado.

Novamente, é possível constatar que guardamos uma herança pedagógica alheia aos novos dias. Salvo raras exceções, os parâmetros que regem a escolarização ainda são regidos por um sujeito abstrato, idealizado e desenraizado dos condicionantes sócio-históricos. As próprias teorias psicológicas e suas derivações pedagógicas, em geral, sacralizam a naturalidade com o que este *sujeito universal* é pensado. Sempre como se todos fossem iguais em essência e em possibilidades...

"A idéia de uma essência humana pré-social concebe a personalidade humana individual como um caso particular da personalidade humana básica, o que pressupõe que cada indivíduo possui características que são universais e independem de influência do meio social (...). Daí a idéia corrente de *ajustamento social* aplicada à Psicologia e à Educação. Os padrões de comportamento a serem ensinados ou modificados correspondem à perspectiva da classe dominante, que os torna universais e, portanto, compulsórios." (Libâneo, 1984, p.158, grifos do autor)

A partir disto, geralmente confunde-se *democratização* com *deterioração* do ensino. A qualidade do ensino, principalmente público, teria decaído pelo simples fato de ter-se expandido para outras camadas sociais.

Ora, nunca é demais relembrar o artigo 205 da Carta Constitucional que reza: "A educação, direito de todos e dever do Estado e da família, será promovida e incentivada com a colaboração da sociedade, visando ao pleno desenvolvimento da pessoa, seu preparo para o exercício da cidadania e sua qualificação para o trabalho" (Constituição da República Federativa do Brasil, 1988, p.38).

E destes preceitos não podemos abrir mão em favor das supostas qualidades de uma educação de antigamente. Escolarização, vale ressaltar, *já é* exercício de cidadania.

Quais significados, então, poderíamos subtrair dos fenômenos que rondam esta nova escola, incluída aí a indisciplina? Ela pode estar indicando o impacto do ingresso de um novo sujeito histórico, com outras demandas e valores, numa ordem arcaica e despreparada para absorvê-lo plenamente. Nesse sentido, a gênese da indisciplina não residiria na figura do aluno, mas na rejeição operada por esta escola incapaz de administrar as novas formas de existência social concreta, personificadas nas transformações do perfil de sua clientela.

Indisciplina, então, seria sintoma de injunção da escola idealizada e gerida para um determinado tipo de sujeito e sendo ocupada por outro. Equivaleria, pois, a um quadro difuso de instabilidade gerado pela confrontação deste novo sujeito histórico a velhas formas institucionais cristalizadas. Ou seja, denotaria a tentativa de rupturas, pequenas fendas em um edifício secular como é a escola, potencializando assim uma transição institucional, mais cedo ou mais tarde, de um modelo autoritário de conceber e efetivar a tarefa educacional para um modelo menos elitista e conservador.

Desde este ponto de vista sócio-histórico, a indisciplina passaria, então, a ser força legítima de resistência e produção de novos significados e funções, ainda insuspeitos, à instituição escolar.

Vejamos, agora, como o mesmo fenômeno pode ser interpretado de acordo com outro referencial.

O olhar psicológico: a indisciplina como carência psíquica infra-estrutural

Numa perspectiva genericamente psicológica, a questão da indisciplina estará inevitavelmente associada à idéia de uma carência psíquica do aluno. Entretanto, vale advertir desde já que o fenômeno não poderá ser pensado como um estado ou uma predisposição particular, isto é, um atributo psicológico individual (e, no caso, patológico), mas de acordo com seus determinantes psicossociais, cujas raízes encontram-se no advento, no sujeito, da noção de autoridade.

Desse ponto de vista, o *reconhecimento da autoridade* externa (do professor, no caso) pressupõe uma infra-estrutura psicológica, moral mais precisamente, anterior à escolarização. Esta estruturação refere-se à introjeção de determinados parâmetros morais apriorísticos, tais como: permeabilidade a regras comuns, partilha de responsabilidades, cooperação, reciprocidade, solidariedade etc. Trata-se, pois, do *reconhecimento da alteridade* enquanto condição *sine qua non* para a convivência em grupo e, conseqüentemente, para o trabalho em sala de aula.

É queixa bastante comum dos educadores que o aluno atual carece de tais parâmetros, em maior ou menor grau. É o aluno acometido por agressividade/rebeldia, ou apatia/indiferença, ou, ainda, desrespeito/falta de limites — eventos estes quase sempre representados como supostos índices de insalubridade moral, além de obstáculos centrais do trabalho pedagógico.

Claro está que não há possibilidade de escolarização sem esta condição apriorística: a disponibilidade do sujeito para com seu semelhante, e, em última instância, para com a cultura da qual o professor seria um porta-voz privilegiado, um elemento de conexão desta com aquele. Também é óbvio que não há possibilidade de a escola assumir a tarefa de estruturação psíquica prévia ao trabalho pedagógico; ela é de responsabilidade do âmbito familiar, primordialmente.

Nesse sentido, a estruturação escolar não poderá ser pensada apartada da familiar. Em verdade, são elas as duas instituições responsáveis pelo que se denomina educação num sentido amplo. Só que o processo educacional depende da articulação destes dois âmbitos institucionais que não se justapõem. Antes, são duas dimensões que, na melhor das hipóteses, complementam-se, articulam-se.

O que a indisciplina, desde este ponto de vista, estaria revelando então? Que se trata, supostamente, de um sintoma de relações familiares desagregadoras, incapazes de realizar a contento sua parcela no trabalho educacional das crianças e adolescentes. Um esfacelamento do papel clássico da instituição família, enfim.

Chegamos, assim, a um impasse: a educação, no sentido lato, não é de responsabilidade integral da escola. Esta é tão-somente um dos eixos que compõem o processo como um todo. Entretanto, algumas funções adicionais lhe vêm sendo delegadas no decorrer do tempo, funções estas que ultrapassam o âmbito pedagógico e que implicam o (re)estabelecimento de algumas atribuições familiares. Vejamos um exemplo concreto disto.

Em outro estudo por nós realizado (Aquino, 1995), a partir das representações de professores e alunos de diferentes escolas (públicas e privadas) e diferentes níveis de ensino (primeiro, segundo e terceiro graus) sobre a relação professor-aluno, constatamos que a educação escolar contemporânea parece, na maioria das vezes, ter sucumbido a uma pronunciada demanda de normatização da conduta alheia.

Isto significa que raras são as vezes em que a escola é representada como espaço de (re)produção científica e cultural nas expectativas de seus agentes e clientela. Ao contrário, a normatização atitudinal parece ser o grande sentido do trabalho escolar — o que não deixa de causar perplexidade, uma vez que o objetivo crucial da escola (a reposição e recriação do legado cultural) parece ter sido substituído por uma atribuição quase exclusivamente disciplinarizadora.

Desta forma, as práticas pedagógicas concretas acabam sendo abarcadas por expectativas nitidamente moralizadoras. Ou seja, constatou-se que, no plano das representações, despende-se muito mais energia com as questões psíquicas/morais do aluno do que com a tarefa epistêmica fundamental.

Concluímos, então, que "talvez deva-se a isto o inegável fato de, não raras as vezes, o discurso dos teóricos e o dos protagonistas concretos evocarem insatisfação, descontentamento, quando não um excesso de críticas e de atribuição de culpa (frutos evidentes de um superávit de boas intenções e de um déficit de possibilidades concretas), confundindo-se, assim, a imagem do espaço escolar com a de um estado de danação ou de calamidade. Portanto, fugazes são as passagens onde se constata que a escolarização, como prática social concreta ou objeto teórico, não tenha sucumbido a propostas moralizantes, com vistas a um suposto aperfeiçoamento e/ou salvação da condição humana. E o teor normativo das relações, bem como o caráter messiânico dos textos, são provas disto, em que quase sempre se visa o aprimoramento da conduta tanto daquele que ensina quanto daquele que aprende.

"Intercambia-se, assim, o caráter essencialmente exegético do ato de pensar por uma suposta ascese do ato de conhecer. Em certo sentido, a escola imaginada por seus protagonistas e seus teóricos teria como finalidade última a edificação de uma espécie de assepsia moral que, por sua vez, capacitasse o sujeito para o conhecimento, para a profissão ou para a vida — o que afirmamos ser inverossímil e, portanto, insustentável." (Aquino, 1995, p.258)

Além do mais, cumpre-nos pontuar que investir numa suposta sedimentação moral do aluno exigiria um entendimento comum do que viria a ser esta infra-estrutura psíquica — o que não é exatamente um consenso teórico, muito menos empírico. A tarefa docente, ao contrário, é razoavelmente bem definida, isto é, encerra-se no conhecimento acumulado. Por este motivo, a grades curriculares do primeiro e segundo graus refletem os campos clássicos das ciências e das humanidades. É esta a tarefa e a razão docentes, e não são pouca coisa!

Caso contrário, quais as decorrências possíveis?

Primeiro: o desperdício da força de trabalho qualificada, do talento profissional específico de cada educador. Segundo: o desvio de função, pois professores deveriam ater-se a suas atribuições didático-pedagógicas. Terceiro: a inevitável quebra do contrato pedagógico, o que implica, a nosso ver, um comprometimento de ordem ética, uma vez que a proposta de trabalho educacional raramente se cumpre de maneira satisfatória, gerando assim um estado aberto de ambigüidade e insatisfação — tão fácil de constatar atualmente...

Disto tudo decorre que parece haver uma crise de paradigmas em curso, quer no interior das relações familiares, quer no corpo das ações escolares — o que significa uma perda de visibilidade sobre os grandes sentidos sociais da educação como um todo.

É muito comum ouvirmos dos alunos frases do tipo: *Pra que eu tenho que estudar isso? Pra que serve isto? Eu vou usar isto algum dia?* Independentemente de qualquer argumento contrário, temos que reconhecer que alguém à margem da escolarização não pode (e nem mesmo o sabe) aceder ao *status* de cidadão na sua plenitude. Seus direitos, mesmo que em tese sejam iguais aos dos outros, na prática serão mais escassos. O acesso pleno à educação é, sem dúvida, o passaporte mais seguro da cidadania, para além de uma sobrevivência mínima, à mercê do destino, da fatalidade enfim.

Das implicações das diferentes leituras

Há alguns pontos recorrentes em nosso trajeto até aqui que valeriam a pena ser dissecados. Vejamos por quê.

Se, do ponto de vista sócio-histórico, a escola é palco de confluência dos movimentos históricos (as formas cristalizadas *versus* as forças de resistência), do ponto de vista psicológico ela é profundamente afetada pelas alterações na estruturação familiar. De ambos os modos, a indisciplina apresenta-se como sintoma de relações descontínuas e conflitantes entre o espaço escolar e as outras instituições sociais.

No primeiro caso, o recurso principal para a análise da indisciplina é o do *autoritarismo* historicamente subjacente à estruturação institucional escolar. No segundo, o eixo argumentativo desdobra-se em torno do conceito de *autoridade* enquanto infra-estrutura psicológica para o trabalho pedagógico.

Se da análise sócio-histórica pudermos subtrair uma conotação positiva, de legitimidade para o fenômeno da indisciplina, uma vez que tratar-se-ia de um conflito salutar entre forças sociais antagônicas, já não se poderia dizer o mesmo da leitura psicológica. Nesta, a indisciplina seria indício de uma carência estrutural que se alojaria na interioridade psíquica do aluno, determinada pelas transformações institucionais na família e desembocando nas relações escolares. De uma forma ou de outra, a gênese do fenômeno acaba sendo situada fora da relação concreta entre professor e aluno, ou melhor, nas suas sobredeterminações.

Ora, não é possível assumir que a indisciplina se refira ao aluno exclusivamente, tratando-se de um problema de cunho psicológico/moral. Também não é possível creditá-la totalmente à estruturação escolar e suas circunstâncias sócio-históricas. Muito menos atribuir a responsabilidade às ações do professor, tornando-a um problema de cunho essencialmente didático-pedagógico.

A nosso ver, a indisciplina configura um fenômeno transversal a estas unidades conceituais (professor/aluno/escola) quando tomadas isoladamente como recortes do pensamento. Ou melhor, indisciplina é mais um dos efeitos do *entre pedagógico*, mais uma das vicissitudes da relação professor-aluno, para onde afluem todas essas "desordens" anteriormente descritas.

Nesse sentido, vale a pena recordar Bohoslavsky pontuando que "o motor da aprendizagem, interesse autêntico da pedagogia desde a antiguidade, deveria ser tomado em seu sentido etimológico literal como um 'estar entre', colocando o conhecimento não atrás do cenário educativo, mas em seu centro, situando o objeto a ser aprendido *entre* os que ensinam e os que aprendem" (Bohoslavsky, 1981, p.324 , grifo do autor).

A relação professor-aluno torna-se, assim, o núcleo concreto das práticas educativas e do contrato pedagógico — o que estrutura os sentidos cruciais da instituição escolar.[1]

A relação professor-aluno como recorte

Por que tomar, a partir de agora, a relação professor-aluno como foco conceitual no que se refere aos encaminhamentos da problemática disciplinar?

Porque não é possível conceber a instituição escola como algo além ou aquém da relação concreta entre seus protagonistas. Ao contrário, a relação instituída/instituinte entre professor e aluno é a matéria-prima a partir da qual se produz o *objeto institucional*. Abramos um parênteses para algumas definições.

Objeto institucional é aquilo do que a instituição se apropria reclamando a soberania e a legitimidade de sua posse ou guarda (Albuquerque, 1978). Em outras palavras, trata-se de algo imaterial e inesgotável (imaginário, poderíamos acrescentar) que só pode se configurar enquanto

---

1. Este relevo atribuído à relação professor-aluno tem como fonte de inspiração a *Psicologia Institucional* proposta por M. Guirado (1986, 1987 e 1995), a princípio, como um campo articulado entre as formulações da Psicanálise e as da "Análise das Instituições Concretas" de J.A.G. Albuquerque (1978, 1980 e 1986), figurando, assim, uma maneira singular de compreender e fazer Psicologia. Vejamos:
"Tomamos a Psicologia (em geral percebida e efetivada como uma abordagem do indivíduo) e procuramos aproximá-la da Psicanálise, no sentido de fazer dela um trabalho no nível das representações e do inconsciente (...). Por esta razão, temos que resgatar-lhe o caráter de *conhecimento da relação* (não do indivíduo) — o que, pela Psicanálise se justifica. (...) Desse ponto de vista (clínico), o objeto da Psicologia são as relações; mas não as que materialmente se dão e sim, tal como imaginadas, percebidas, representadas pelo sujeito. O que caracteriza o especificamente humano e psicológico não são as habilidades e capacidades dos indivíduos, tomadas como coisas em si, mas sim o universo de suas representações e afetos. A intervenção do psicólogo deverá se circunscrever a este universo." (Guirado, 1987, pp.66 e 71-72, grifos da autora)

fruto de uma instituição específica. Por exemplo: conhecimento na escola, salvação na religião, direito no judiciário etc.

Tais objetos não existiriam senão enquanto efeitos do conjunto de *práticas concretas* entre os protagonistas principais de determinada instituição, práticas estas ora divergentes, ora complementares, mas sempre suportadas pela *rede de relações* entre seus atores concretos — mais comumente os agentes e a clientela, e mais esporadicamente o mandante e o público.

Agentes institucionais são aqueles que, a rigor, teriam a prerrogativa de posse ou guarda do objeto, enquanto a clientela seria, em tese, aqueles que, carentes do objeto, posicionam-se nas relações como alvo da ação dos agentes. Por exemplo: professores e alunos, sacerdotes e fiéis, médicos e pacientes etc.

Desta forma, objetos como o conhecimento, o direito e a saúde, entre outros, não existiriam aprioristicamente, mas seriam produzidos mediante a ação concreta dos protagonistas institucionais por eles responsáveis. Para tanto, dois são os requisitos fundamentais de tal ação: a *repetição* e a *legitimação*. No caso da educação, por exemplo, a escola torna-se seu lugar autorizado pelo fato mesmo de ser o espaço onde ela é praticada continuamente e, portanto, referendada aos olhos de todos que a praticam. Trata-se, pois, de uma delegação de legitimidade e autoridade à escola sobre o fazer educacional, tornando-a o lugar privilegiado da tarefa educativa.

Escola, desde o ponto de vista institucional, equivaleria basicamente às práticas concretas de seus agentes e clientela, tendo a relação professor-aluno como núcleo fundamental. Isto significa "conceber as instituições enquanto práticas sociais que, em sua particularidade, existem pela ação dos que cotidianamente a fazem e pelo reconhecimento desse fazer como uno, necessário, justificado" (Guirado, 1986, p.14).

Voltemos ao problema da indisciplina, então.

A partir das definições acima, não é possível imaginar que a saída para a compreensão e o manejo da indisciplina resida em alguma instância alheia à relação professor-aluno, ou que esta permaneça sempre a reboque das determinações extra-escolares. Abstenhamo-nos, pois, de demandar uma ação mais efetiva da família, uma melhor definição social do papel escolar, ou mesmo um maior abrigo das teorias pedagógicas.

A saída possível está no coração mesmo da relação professor-aluno, isto é, nos nossos vínculos cotidianos e, principalmente, na maneira com que nos posicionamos perante o nosso outro complementar. Afinal de contas, o lugar de professor é imediatamente relativo ao de aluno, e vice-versa. Vale lembrar que, guardadas as especificidades das atribuições de agente e clientela, ambos são parceiros de um mesmo jogo. E o nosso rival é a ignorância, a pouca perplexidade e o conformismo diante do mundo.

50

Alguém haveria de perguntar, e certamente o fará: o que fazer quando o aluno não apresenta a infra-estrutura moral para o trabalho pedagógico?

É muito difícil supor que o aluno não traga esses pré-requisitos em alguma medida. Ao contrário, é mais provável que faltem a nós as ferramentas conceituais necessárias para reconhecê-los e, por extensão, presentificá-los na relação.

Mas mesmo se concordássemos com a suspeita de uma carência moral do aluno, haveríamos também de admitir que, através do legado específico de seu campo de conhecimento, o professor pode criar condições de sedimentação desta infra-estrutura quando ela se apresentar de maneira ainda fragmentária. Se o professor pautar os parâmetros relacionais no seu campo de conhecimento, ele certamente será capaz de (re)inventar a moralidade discente.

Isto significa que o que deve regular a relação é uma proposta de trabalho fundada intrinsecamente no conhecimento. Por meio dela, pode-se fundar e/ou resgatar a moralidade discente na medida em que o trabalho do conhecimento pressupõe a observância de regras, de semelhanças e diferenças, de regularidades e exceções.

Nesse sentido, a matemática é moralizadora; as línguas, as ciências e as artes também o são, se entendermos moralidade como regulação das ações e operações humanas nas sucessivas tentativas de ordenação do mundo que nos circunscreve.

Este tipo de entendimento é congruente a uma declaração interessantíssima de Stephen Hawking, um dos físicos mais eminentes da atualidade, sobre a relação entre ciência e moralidade. Vejamos: "Não podemos deduzir como alguém vai se comportar a partir das leis da física. Mas poderíamos desejar que o pensamento lógico, que a física e a matemática envolvem, guiasse uma pessoa também em seu comportamento moral." (Hawking, 1995, p.135)

Note-se que o pensador propõe os *modi operandi* lógico-conceituais subjacentes à física e à matemática como norte para o comportamento moral humano, e não o próprio campo das leis físicas ou matemáticas. Trata-se dos *modos de pensamento* aí envolvidos e não necessariamente dos conteúdos deles decorrentes.

Pois bem, este trabalho de incessante indagação, inspirado no traçado científico, não requer que o aluno permaneça estático, calado, obediente. O trabalho do conhecimento, pelo contrário, implica a inquietação, o desconcerto, a desobediência. A questão fundamental está na transformação desta turbulência em ciência, desta desordem em uma nova ordem...

Por uma nova ordem pedagógica

Tendo como premissa a proposta de que a relação professor-aluno se paute no estatuto do próprio conhecimento, é possível entrever que a temática disciplinar deixe de figurar como um dilema crucial para as práticas pedagógicas, ou então, que adquira novos sentidos mais produtivos. A isto denominamos *nova ordem pedagógica*. O curioso é a necessidade da qualificação "nova" quando esta ordem nada mais é que o restabelecimento da função epistêmica autêntica e legítima da escola.

Crianças e jovens, por incrível que pareça, são absolutamente ávidos pelo saber, pelo convite à descoberta, pela ultrapassagem do óbvio, desde que sejam convocados e instigados para tanto. Tudo depende, pois, da proposta por meio da qual o conhecimento é formulado e gerenciado nesse microcosmo que é cada sala de aula. Entretanto, a tarefa é intrincada pois pressupõe sempre um recomeço, a cada aula, cada turma, cada semestre.

Guardadas as devidas proporções, é lícito afirmar que não importam tanto os aparatos técnico-metodológicos de que o professor dispõe, mas a compreensão mesma de mundo mediada por modos específicos de conhecer (aqueles do seu domínio específico), pois cada campo comporta um objeto e modos de conhecer particulares. Em linhas gerais, vale muito mais a tarefa de (re)construção de um determinado campo conceitual, do que sua assunção imediata e inquestionável.

Desta forma, o trabalho educacional passa a ser não só a transmissão ou mediação das informações acumuladas naquele campo, mas a (re)invenção do próprio modo de angariá-las: o olhar da matemática, da história, da biologia, da literatura etc.

O papel da escola, então, passa a ser o de fermentar a experiência do sujeito perante a incansável aventura humana de *desconstrução e reconstrução*[2] dos processos imanentes à realidade dos fatos cotidianos, na incessante busca de uma visão mais dilatada de suas múltiplas determinações e dos diferentes pontos de vista sobre eles. Isto, a nosso ver, define o conhecimento no seu sentido lato.

Toda aula pode tornar-se uma espécie de roteiro do traçado de determinado campo conceitual, muito além da mera narrativa dos produtos deste traçado, que geralmente se dá sob a forma de um conjunto de informações, fórmulas, axiomas e leis já prontas. O objetivo da educação escolar torna-se, assim, mais uma disposição para a (re)constru-

---

2. A construção de um saber organizado implica, invariavelmente, a desconstrução dos conhecimentos primeiros, aqueles que o sujeito já traz, advindos de sua experiência prática. É necessário, pois, guardar uma certa distância destas informações prévias que, em certo sentido, constituem um impedimento para o trabalho do pensamento no que tange à (re)construção do conhecimento.

ção dos campos epistêmicos das diferentes disciplinas, do que a reposição de um pacote de informações perenes, estáveis. É preciso, pois, reinventar continuamente os conteúdos, as metodologias, a relação. E isto também é conhecimento!

Além do mais, o trabalho do aluno passa a se assemelhar ao do professor na medida em que este tem que se haver necessariamente com a criação de condições propícias para colocar em movimento um determinado *modus operandi* conceitual, sempre de acordo com a concretude de seus alunos, do espaço escolar e dos vários condicionantes que relativizam sua ação. Trata-se da invenção pedagógica obrigatória àqueles que tomam seu ofício como parte efetiva de suas vidas...

O aluno é obrigado, assim, a fazer funcionar esta grande engrenagem que é o pensamento lógico, independentemente do campo específico de determinada matéria ou disciplina, uma vez que a todas elas abrange. A partir daí, o barulho, a agitação, a movimentação passam a ser catalisadores do ato de conhecer, de tal sorte que a indisciplina pode se tornar, paradoxalmente, um movimento organizado, se estruturado em torno de determinadas idéias, conceitos, proposições formais.

É presumível, portanto, que uma nova espécie de disciplina possa despontar em relações orientadas desta maneira: aquela que denota tenacidade, perseverança, obstinação, vontade de saber. Um outro significado muito mais interessante para o conceito de disciplina, não?

Anteriormente, disciplina evocava silenciamento, obediência, resignação. Agora, pode significar movimento, força afirmativa, vontade de transpor os obstáculos. "Importante é que o aluno experimente o obstáculo, que sinta o difícil — só assim verá a necessidade de adequar-se, de limitar-se aos processos que a matéria sugere. Deste modo, o obstáculo é formativo, como o é para o artista. Sem o obstáculo, sem o difícil, a necessidade de disciplina não se manifesta, e toda possibilidade de compreensão é frustrada." (Guimarães, 1982, p.38)

Disciplina torna-se, então, vetor de rebeldia para consigo mesmo e de estranhamento para com o mundo — qualidades fundamentais do trabalho humano de conhecer.

Esta guinada na compreensão e no manejo disciplinares vai requerer, enfim, uma *conduta dialógica* por parte do educador, pois é ele quem inaugura a intervenção pedagógica. E não há a possibilidade de ação docente sem agenciamentos de diferentes tipos, uma vez que não se trata de um trabalho solitário; muito pelo contrário. Em suma, o ofício docente exige a *negociação* constante, quer com relação às estratégias de ensino ou de avaliação, quer com relação aos objetivos e até mesmo aos conteúdos preconizados — sempre com vistas à flexibilização das delegações institucionais e das formas relacionais.

Isso não significa render-se às demandas imediatas do aluno, mesmo porque, muitas vezes, elas não são sequer formuladas. Significa, no entanto, assumir o aluno como elemento essencial na construção dos parâmetros relacionais que a ambos envolve, posto que da definição destes parâmetros depende a assunção do contrato que deve balizar a relação — condição *sine qua non* para a ação pedagógica. Quais, enfim, os quesitos principais deste tipo de *construção negociada*?

Em primeiro lugar, o *investimento nos vínculos concretos*, abdicando, na medida do possível, dos modelos idealizados de aluno, de professor e da própria relação, e potencializando as possibilidades e chances efetivas de cada qual. Uma vez que o conhecimento só se realiza com e pelo outro, a relação professor-aluno torna-se o núcleo e foco do trabalho pedagógico. Afinal de contas, professor e aluno instituem-se duplamente no decurso das práticas escolares cotidianas, não se tratando, portanto, de uma sobredeterminação de um pólo institucional ao outro. É mais um interjogo instituinte (plástico até) que estrutura o fazer escolar, e não uma suposta natureza imutável do trabalho educativo.

Em segundo, a *fidelidade ao contrato pedagógico*. É imprescindível que este seja razoavelmente claro para ambas as partes, e que se restrinja ao campo do conhecimento acumulado, mesmo que as cláusulas contratuais tenham que ser relembradas todos os dias, em todas as aulas. Vale mais a pena a exaustão do que a ambigüidade!

E, por fim, a *permeabilidade para a mudança e para a invenção*. É certo que o professor também tem que reaprender seu ofício e reinventar seu campo de conhecimento a cada encontro. Deste modo, é provável que as questões de cunho técnico-metodológico acabem perdendo sua força ou eficácia, uma vez que elas pressupõem como interlocutor sempre o mesmo sujeito abstrato e, portanto, ausente. O aluno concreto (aquele do dia-a-dia), de forma oposta, obriga-nos a sondar novas estratégias, experimentações de diferentes ordens.

Desta forma, o lugar do professor pode tornar-se também um lugar de passagem, de fluxo da vida. Se não, o aluno desaparece, torna-se platéia silenciosa de um monólogo sempre igual, estático, à espera...

Bibliografia

ALBUQUERQUE, J.A.G. (1986) *Instituição e poder*: análise concreta das relações de poder nas instituições. Rio de Janeiro: Graal.
_____ (1980) Objeto institucional: um equívoco bem-sucedido. *Ide*, v.6, n.8, pp.61-64.
_____ (1978) *Metáforas da desordem*. Rio de Janeiro: Paz e Terra.
AQUINO, J.G. (1996) *Confrontos na sala de aula*: uma leitura institucional da relação professor-aluno. São Paulo: Summus.
_____ (1995) *Relação professor-aluno*: uma leitura institucional. São Paulo: Instituto de Psicologia, Universidade de São Paulo (Tese de Doutorado).

_____ (1994) Conhecimento e mestiçagem: o "efeito-Macabéa". *Cadernos de Subjetividade*. São Paulo: Pontifícia Universidade Católica de São Paulo, v.2, n.1 e 2, pp.101-106.

AZANHA, J.M.P. (1987) *Educação*: alguns escritos. São Paulo: Ed. Nacional.

BOHOSLAVSKY, R. (1981) A psicopatologia do vínculo professor-aluno. In: *Introdução à psicologia escolar*. São Paulo; T. A. Queiroz, pp.320-341.

CONSTITUIÇÃO DA REPÚBLICA FEDERATIVA DO BRASIL (1988) Imprensa Oficial do Estado S.A. IMESP.

GUIMARÃES, C.E. (1982) A disciplina no processo ensino-aprendizagem. São Paulo, *Didática*, v.18, pp.33-39.

GUIRADO, M. (1995) *Psicanálise e análise do discurso*: matrizes institucionais do sujeito psíquico. São Paulo: Summus.

_____ (1987) *Psicologia Institucional*. São Paulo, EPU.

_____ (1986) *Instituição e relações afetivas*: o vínculo com o abandono. São Paulo, Summus.

HAWKING, S. (1995) *Buracos negros, universos-bebês e outros ensaios*. Rio de Janeiro: Rocco.

LIBÂNEO, J.C. (1984) Psicologia Educacional: uma avaliação crítica. In: *Psicologia Social*: o homem em movimento. São Paulo: Brasiliense, pp.154-180.

MORAES, A.L. (1922) *Reforma da disciplina escolar*: quaes os methodos por excellencia? Rio de Janeiro, A Noite. (Memoria ao Terceiro Congresso Americano da Criança)

Poder indisciplina:
os surpreendentes rumos da relação de poder

Marlene Guirado*

O título deste capítulo, com certeza, merece ser decifrado. Talvez seja esse o caminho do desenvolvimento da idéia que temos em mente para contribuir com a discussão das questões disciplinares que *rondam* todo processo educativo, onde quer que ele se dê.

O leitor já deve ter se dado conta de que "Poder Indisciplina" é uma expressão que sugere muitos sentidos. Pode-se pensar a partir dela: que *há algum tipo de relação entre poder e indisciplina*, que *é permitida a indisciplina*, ou que *o poder gera indisciplina*. Pode-se pensar, ainda, em outras conotações. Qual dos sentidos acima esta autora atribuiria à expressão? Na verdade, um pouco de todos. Como é isso? O próprio texto vai nos dizer.

Vou conduzir os trabalhos esclarecendo as idéias de um autor que fez do conceito de *poder* o centro de sua obra. Mais que isto, tratou diretamente das relações disciplinares na época moderna. Melhor falando: tratou do poder *enquanto* disciplina. Refiro-me a Michel Foucault. Apoiada nele, procurarei apresentar um quadro teórico para o estudo do nosso tema. Com isso, discutirei algumas possibilidades de entendimento do título, aparentemente enigmático, que escolhi. Em meio a tudo, comentarei certos problemas de disciplina recorrentemente mencionados por educadores em sua liça diária.

O conceito de poder em Foucault

Pensador contemporâneo como poucos, Foucault ganhou notoriedade como um estudioso do tratamento dado à loucura, desde a Idade

---

* Psicóloga, psicanalista e analista institucional. Mestre e doutora pelo Instituto de Psicologia da USP, do qual é professora na graduação e pós-graduação. É autora de *A criança e a FEBEM* (Perspectiva, 1980), *Instituição e relações afetivas: o vínculo com o abandono* (Summus, 1986), *Psicologia Institucional* (EPU, 1987) e *Psicanálise e análise do discurso: matrizes institucionais do sujeito psíquico* (Summus, 1995).

Média até os nossos dias. Também ficou conhecido pelo estudo das instituições que *cuidam* da marginalidade criminal, no nível do judiciário, bem como no nível penitenciário. No fundo, Foucault acolhe aquilo que socialmente é considerado à margem do aceitável e lhe atribui um estatuto de existência, explicável pelos mecanismos mesmos da exclusão. Quer dizer, demonstra de modo consistente como *o fato de estigmatizar e reprimir*, por meio de procedimentos institucionalmente legitimados e/ou legalmente previstos, *incita* as práticas que se quer eliminar ou combater.

Um exemplo disso encontramos em seu livro *História da sexualidade I: a vontade de saber* (1985). Lá ele trata de como são consideradas as práticas sexuais "perversas" (nas quais se incluem a masturbação e a homossexualidade), evidenciando, de acordo com o seu método, os dispositivos institucionais ou sociais de controle dessa sexualidade que escapa da intimidade das quatro paredes, com a função de reprodução. Ele levanta a hipótese de que o que acontece não é a repressão, como se pensa habitualmente, tragédia que teria seu início na era vitoriana. Pelo contrário, são criados mecanismos sociais que fazem com que as pessoas falem de sua conduta sexual; aquela, exatamente que é considerada desviante. Assim, a confissão católica alimentaria a perversão, em nome de expiar a culpa do pecador; ou seja, enquanto me confesso ao padre, eu falo e ele ouve tudo o que, suspenso no *mea culpa*, faz circular o prazer (justamente o que, por suposto, se estaria combatendo ou tentando eliminar). É o que Foucault chama de *colocação do sexo "perverso" no discurso*, que tem como efeito a *criação* e a *difusão* da *representação social* de um tipo de sexualidade, a perversa. Isso é a atribuição de estatuto de existência a esse modo de sexualidade. E, nesse sentido, outros dispositivos, como as análises psicanalíticas, cumpririam, segundo o autor, a mesma função.

Há algumas coisas muito interessantes nessa quase brincadeira que Foucault faz com nossos mitos sagrados. É como se ele revelasse o avesso do ato de confissão religiosa, da "confissão" da intimidade com fins terapêutico-analíticos, das confissões à Justiça, ou mesmo da literatura confessional. Ele nos descreve, de maneira um tanto irreverente, o insidioso caminho do prazer, firmando-se no discurso que, pelo lado direito, é justificado como uma forma de controlar os abusos, em nome da moralidade, da saúde, da sinceridade.

Além disso, ou melhor, por meio disso, ele faz uma discussão que revoluciona concepções já muito difundidas, como a de que *o que o poder faz é reprimir* certas tendências consideradas nocivas à pessoa e ao convívio social. Mais ainda, ele revoluciona o próprio conceito de poder.

Se alguém nos perguntasse, à queima-roupa, o que é que *o* poder faz conosco? De imediato responderíamos: *reprime!* Quando se pensa em poder, automaticamente se pensa em impedimentos, restrições, tolhimentos. Com os olhos e pensamentos em Foucault, melhor seria pensar mais vezes e de modo diferente para responder que: *o ato mesmo de reprimir, libera*! É a mesma coisa que dizer que o poder tem uma dimensão negativa, restritiva e uma dimensão positiva, criativa. E isso, sem dúvida, põe em xeque não só as concepções de senso comum que prevêem a ordenação e o cerceamento, quanto conceituações mais apuradas teoricamente que também afirmam que o poder tem como contraface a inibição.

É fundamental entender o que Foucault define como *poder*, porque esse é seu método. Interessante, não? Costumamos pensar que método é um conjunto de meios para atingir determinados fins, ou então, que método é um conjunto de técnicas. Para Foucault é diferente. Poderse-ia dizer, por ele, que seu *método é um conceito, um campo conceitual* por meio de que ele *compreende* aquilo que estuda e sobre que escreve.

Assim, ao historiar as instituições da loucura, da sexualidade e do sistema jurídico e penitenciário, ou os discursos de determinadas épocas, sobretudo em seus textos escritos, ele estará sempre desenhando aos olhos do leitor os caminhos, os jogos de força, de domínio e resistência que aí se constituem.

Que *poder* é esse de Foucault? O que há de tão revolucionário nele? Vejamos.

Para começar, segundo nosso autor, *poder* é *verbo*, é *ação*. É *relação de forças*. Isso significa que *poder não é* uma *coisa*, um algo a mais *que alguém tem*, ou que algum grupo tenha, em detrimento de outro. Poder é relação de forças, isto é, uma dimensão constitutiva de qualquer relação social ou discursiva. Os parceiros, nesse jogo, estão em constante movimento de equilibração dessas forças. Tanto que o lugar da resistência exerce pressão sempre móvel sobre o lugar de domínio. Quando, em uma relação amorosa "difícil", um dos parceiros "não entrega os pontos", o outro, automaticamente, sem que disso se dê conta, amplia as margens de sua ação, altera os rumos de seu ataque, investe de novo, "aguarda os efeitos" das novas estratégias; ainda, esse jogo pode se inverter, e aquele que demandava afeto, carinho, atenção, cuidados, passa a ser o que pode conceder; pode também acontecer de entrarem terceiros, a dividir esse terreno.

Acrescente-se o que dissemos antes das dimensões produtiva ("positiva") e repressiva ("negativa") do exercício de poder (que se esclarece no exemplo acima, inclusive) e temos uma maneira muito especial de concebê-lo.

Costumamos, muitas vezes, identificar Poder/Estado/Governo. Pois bem. Na compreensão foucaultiana, como se depreende da explicação acima, o poder está além e aquém do Estado. Não é uma coisa de leis e da Constituição de um país ou estado, exclusivamente. Sequer, é monopólio de um grupo, na hierarquia institucional. Poder é exercício regional de forças, sempre móveis e mutáveis, do interior das relações que se estabelecem, e não algo que acontece de cima para baixo, por vigência de lei, de regimento ou de cargo. É tensão constante no dia-a-dia, e não emanações de "grupos no poder", como ouvimos dizer com freqüência.

O leitor há de convir que será necessário começar a pensar duas vezes antes de identificar, aqui ou ali, vítimas e opressores, enquanto opositores absolutamente desiguais em termos de poder. Vítimas desvalidas, apartadas das condições de produzir tensão, de "mexer" com a situação. Opressores que, de fora, impõem aos demais seus desmandos. Dicotomias "lisas" como essa começam a ficar em desuso, conforme este pensador que, com um "giro" no conceito, faz girar também nossa mais tradicional e enraizada compreensão do que seja política. Esta desce do Parlamento e das altas esferas governamentais e institucionais para os vínculos amorosos, para a relação professor/aluno, para a sexualidade, para o dispositivo das terapias, do atendimento médico, das descobertas científicas, da própria relação com o conhecimento, com aquilo que aprendemos.

Política e poder tornam-se, com Foucault, dois termos intimamente relacionados, que significam ação; mas não ação unilateral, de fora para dentro, exercida sempre pelo mesmo grupo sobre um outro que fica desprovido de força e totalmente paralisado, sem possibilidade de retorno; não são ações exclusivas de autoridades. Política e poder atravessam as relações cotidianas de todo e qualquer grupo, de qualquer dupla (por isso dissemos acima que o poder é regional) e seus efeitos de caráter mais global se devem ao arranjo das regiões de poder assim constituídas.

É, sem dúvida, uma definição bastante original. Com ela em mente, podemos proceder à análise das instituições sociais enquanto discursos das épocas, da história.

Não vamos entrar em aspectos, sem dúvida todos muito importantes, derivados dessas afirmações, como, por exemplo, a concepção de história, de discurso, de instituição que se articulam, do interior, a tal compreensão de poder. Seria excessivo para o momento. Creio que basta anunciá-los e garantir que estarei sempre lidando com eles da maneira mais fiel possível ao sentido que adquirem na obra de Foucault.

Só a trilogia poder/dispositivo/saber merece algumas palavras, ainda, uma vez que é muito usada na divulgação que se faz do pensamento desse autor.

A relação entre esses nomes é a seguinte: poder é exercício que se faz sempre nas práticas sociais (dispositivos) sendo ocasião da constituição de um saber ou de saberes específicos que, por sua vez, atribuem

60

um caráter de naturalidade aos dispositivos de poder. Quando falamos, antes, das práticas confessionais e das terapêutico-analíticas, estávamos tomando-as como tais dispositivos. O saber que ali se constitui e/ou confirma, sobre a imortalidade da alma, o pecado, a culpa, a perversão, a individualidade, por exemplo, acaba funcionando como motor da adesão ao costume de se confessar, de se analisar, porque, como se fosse óbvio, minhas culpas e meus defeitos se redimem. No caso de "cair em tentação" novamente, já "sei" como devo proceder para "restabelecer o equilíbrio" da alma ou da saúde mental.

Voltemos, mais uma vez, nossa atenção ao modo como Foucault, diretamente, trata da questão *poder*. Porque há muito que se aprender com ele.

Em *Vigiar e Punir* (1977), Foucault analisa o sistema penal e suas modalidades de controle da infração e do infrator; analisa, sobretudo, a mudança que esse sistema sofre entre a época clássica e os tempos da modernidade. Duas formas de exercício de poder para a situação em que alguém não reconhece a ordem estabelecida e a transgride.

Na primeira delas (característica da época clássica), a transgressão é considerada como desacato à autoridade e à honra do rei. A punição é exemplar: o suplício, com esquartejamentos, queimações ou enforcamentos em praça pública. A penalidade é ao corpo, ele é o alvo do castigo, marcado por sensações insuportáveis e executado por carrascos. Tudo com a conotação teatral de um espetáculo.

Assim: os impostos não foram pagos?; foi dita alguma "verdade" diferente daquelas "naturalmente" admitidas por todos os "homens de boa vontade?". Estamos diante de uma ofensa ao soberano e, por tal, o autor do crime merece castigo visível, doloroso e definitivo sobre o corpo, para que se redima a alma e, com ela, a honra ultrajada do rei. As praças transformavam-se em verdadeiros palcos, onde se desenrolava o suplício da "carne", às vistas do povo que torcia para que vencesse aquele que tivesse razão, ou melhor, que estivesse com a verdade. Claro que se alguém suportasse até o fim a tortura, seria sinal de que Deus estava de seu lado e ele, então, mereceria viver. Afinal, Deus nunca erra e os guardiães da soberania podem se enganar, não?

É bom notar que Foucault, mesmo tratando de uma modalidade tão exuberante de exercício de poder, não abandona sua teoria que destaca o que chama de *efeitos produtivos*. O leitor pode, em meio a descrições das punições sumárias do regime monárquico, supor que já não se trata mais do mesmo conceito de poder de que falávamos antes. Mas não é assim. Nosso autor tem esse costume de buscar demonstrar suas idéias lá onde tudo parece negá-las. Quero dizer que, justamente nas práticas punitivas à desordem social, onde ressalta, de imediato, o caráter repressivo, ele tenta verificar a eficácia de seu modelo conceitual. Ali,

61

também, ele se prestaria a explicar como as coisas funcionam? Então, está aprovado! E, por enquanto, há, no mínimo, um saber se constituindo na *estratégia do poder do soberano*: quando há um crime, esse crime é sempre contra a pessoa do rei (saqueamento das cercanias do feudo, assassinato de alguém) e como tal deve ser reparado; se o castigo recai teatralmente sobre o corpo do criminoso, é porque sua alma deve ser libertada desses grilhões defeituosos; quem opera a libertação é o castigo imposto pela realeza, reparando (e esta é sempre a finalidade última) a ofensa feita ao soberano; soberano e lei são a mesma coisa; seu direito de punir é legítimo, portanto; e sua força físico-política é invencível. É tudo isso que, no espetáculo do suplício, "aprende-se". Essa é uma das faces do saber que se constitui nessa relação de poder.

Apesar de ser identificável, nessa estratégia de poder, o rastro dos efeitos produtivos, criativos, é também notável que o *poder do soberano* é *predominantemente* negativo ou repressivo. Aqui, a punição é intermitente (ou seja, não há um sistema permanente de controle e vigilância) e visa eliminar, esmagar o criminoso; a infração fere uma ordem natural e ataca o soberano; o poder (absoluto) está em questão e se exercerá (absolutamente), então, para restabelecer a ordem perdida (a de que o rei não pode ter sua honra atacada). Quanto mais brilho e visibilidade tiver o confronto, mais se demonstrará o brilho e a verdade do poder do soberano. Tal confronto, portanto, contém em si todos os detalhes da cena política em questão. É sua metáfora.

Foucault, porém, trata desse tipo de poder para fazer contraponto com um outro, característico da modernidade: o *poder disciplinar*. É possível dizer que a definição de política como jogo de forças, como dimensão constitutiva de qualquer relação, como regional, e não global ou estatal, encontra na estratégia disciplinar sua mais completa tradução.

O sistema penitenciário da época moderna, em *Vigiar e Punir*, é ocasião para que o autor descreva como entende o poder disciplinar. Não que seja característico das prisões. Mas, nelas, talvez, aconteça também de forma completa.

Prosseguindo com seu raciocínio: o sistema punitivo visa sempre a restauração da ordem; o como esta restauração vai ser feita depende da época, ou melhor, da estratégia de poder dominante em uma determinada época.

O jogo de cena da punição monárquica, com o tempo, passa a não mais envolver o público, que era quem, em última instância, legitimava toda a façanha. Além disso, o que era a confirmação do poder real transforma-se em denúncia do poder absoluto, abusivo. O "rei ficava nu" em seus desmandes. É como se o avesso dessas práticas se tornasse visível: sim, o rei tem poder fulgurante, mas este vai perdendo a legitimidade. A aplicação da pena, por algum tempo ainda, continuará sendo exposta, teatral, e o alvo continuará sendo a retirada da vida. A morte, porém, será breve, como no caso da guilhotina.

Tais mudanças não se dão por efeito de mágica. Sequer trata-se de um desinteresse espontâneo do público pelos rituais de suplício. A articulação de uma série de fatores e de práticas é que encaminha o sistema penal para as formas de julgamento e de encarceramento. Seria excessivo, para o espaço do nosso capítulo, determo-nos nas passagens, mesmo que fundamentais, desse processo. O leitor, no entanto, tendo em mente que as alterações não se dão ao acaso, poderá me acompanhar nas linhas mestras da nova estratégia de poder que se anuncia com a disciplinarização. Estaremos, com isso, aproximando-nos mais e mais da questão título: *poder indisciplina*.

Poder disciplinar é, então, um termo com que Foucault cunha a *estratégia predominante* de poder *da modernidade*. O que a caracteriza? Em princípio, a não corporeidade da pena. Não mais se castiga direta e publicamente o corpo. E o valor máximo em jogo passa a ser a liberdade. É a ela que se visa com a punição, ou seja, retira-se e devolve-se liberdade à pessoa. O cárcere cumpre essa função de forma exemplar. Mas pode-se pensar, também, como a escola, eliminando aos poucos a palmatória, faz a substituição por um conjunto de práticas em que a punição é exatamente a restrição ao movimento e à comunicação com os demais. Há, portanto, efeitos físicos. Mas, o objeto imediato é a reeducação da alma do indivíduo, para que se livre de tendências delinqüenciais em vida. Para tanto é que se priva a pessoa da possibilidade de dominar seu próprio tempo, seu fazer, seu lazer.

O tempo que conta aqui não é mais o da resistência do corpo aos ataques lentos e parcelados do suplício e sim o dos processos administrativos que julgarão o erro e determinarão a responsabilidade do réu sobre o crime.

Tudo é feito em nome dos benefícios da reclusão deste homem-monstro que representa ameaça à segurança dos demais. Para todos os efeitos, no entanto, a reclusão se prestaria à reeducação, com vistas ao retorno, "em boa forma", à convivência, à sociabilidade aceita. A suspensão do direito de ir e vir tem essa justificativa. O *corpo social* (não mais o do rei) ganha, assim, destaque sobre o *corpo individual*. A ofensa é ofensa à sociedade e, nela, ao direito de propriedade, sobretudo.

Daí deriva que o erro pode ser classificado como ilegalismo ou ilegalidade. Esta última é intolerável, enquanto que o primeiro será, de certo modo, "reclassificado" entre toleráveis e intoleráveis. Depende de se o conjunto de comportamentos considerados como desordem são mais ou menos suportáveis pela classe (ou grupo) oposta(o). Esbarrar na propriedade privada é, de longe, o ilegalismo que menos se suporta.

63

O *poder disciplinar* caracteriza-se, sobretudo, pela *vigilância* (olhar hierárquico), pela *sanção normalizadora* e pela combinação de ambas num procedimento que lhe é bem específico, o *exame*. Nada de força bruta, nada de castigos majestosos. Basta que se dê visibilidade aos comportamentos mais simples e corriqueiros, por uma disposição física do ambiente, que as condutas serão mais "produtivas", evitar-se-ão as desordens, restringir-se-ão as margens de erros. A própria arquitetura facilita as coisas: constroem-se paredes, distribuem-se espaços, organizam-se corredores, vazam-se portas, dividem-se compartimentos, espalham-se degraus, destacam-se púlpitos e "observatórios" de tal forma que o menor movimento pode ser registrado ou observado. E, diga-se de passagem, com dispositivos desse tipo, todos ficam sob o controle do olhar, observados e (de certo modo, paradoxalmente) observadores. A vigilância é constante, ininterrupta e tem, praticamente por si, o efeito normalizador da ação. O *Panóptico* idealizado por Bentham, em fins do século XVIII, é, segundo Foucault, a figura arquitetônica dessa composição de poder: foi pensado para as prisões,[1] no entanto, acabou sendo uma imagem privilegiada para dizer de como funciona a disciplinarização nas instituições modernas. Se o *confronto* do corpo do rei com o corpo do condenado era a metáfora do *poder do soberano*, o *panóptico* é a metáfora do *poder disciplinar*.

Assim, o *bem olhar* e o *bem normatizar* garantem, de uma forma preventiva, digamos, a ordem social. E o *exame* será o seu dispositivo-mestre: com ele, recuperamos os elementos básicos do panoptismo e atravessamos, subliminarmente, o terreno de diferentes práticas institucionais. Pensemos, a título de exemplo, numa das provas que aplicamos para verificação de conhecimentos acumulados pelos alunos, num de nossos cursos. Pela disposição espacial dos corpos, há o destaque do professor, no lugar físico a ele destinado. Todos o vêem e podem acompanhar seu deslocamento e ele, mais que qualquer outra pessoa da sala,

---

1. "O princípio é conhecido: na periferia, uma construção em anel; no centro, uma torre; esta é vazada de largas janelas que se abrem sobre a face interna do anel; a construção periférica é dividida em celas, cada uma atravessando toda a espessura da construção; elas têm duas janelas, uma para o interior, correspondendo às janelas da torre; outra que dá para o exterior, permite que a luz atravesse a cela de lado a lado. Basta, então, colocar um vigia na torre central, e em cada cela trancar um louco, um doente, um operário ou um escolar. Pelo efeito da contraluz, pode-se perceber da torre, recortando-se exatamente sobre a claridade, as pequenas silhuetas cativas nas celas da periferia. Tantas jaulas, tantos pequenos teatros, em que cada ator está sozinho, perfeitamente individualizado e constantemente visível. O dispositivo panóptico organiza unidades espaciais que permitem ver sem parar e reconhecer imediatamente. Em suma, o princípio da masmorra é invertido; ou antes, de suas três funções — trancar, privar de luz e esconder — só se conserva a primeira e suprimem-se as outras duas. A plena luz e o olhar de um vigia captam melhor que a sombra, que finalmente protegia. A visibilidade é uma armadilha." (Foucault, 1977, p.177)

tem uma visão global do campo, de seus ocupantes e de pequenos movimentos que porventura venham a fazer. É só não dormir em pé! Quero dizer, é só não fechar os olhos e o próprio exercício do exame, ou da prova, disciplinará.

Fábricas, escolas, prisões, hospitais, internatos têm essa cara. Preservam, desde a arquitetônica, o perfil do poder disciplinar...

É comum evitarem-se punições, para funcionar por recompensa da ação. Os efeitos se multiplicam com isso. Um poder de caráter predominantemente positivo/produtivo, portanto. Ele não se apropria de nada, nem retira. Adestra. E por meio de tantos e tão sutis recursos de bom adestramento, cria comportamentos, "fabrica" indivíduos. Dele se pode dizer, também, que é *indiscreto*, porque está sempre alerta, em toda parte; tudo vê e o controle se exerce moto-contínuo. Paradoxalmente, no entanto, é *discreto* porque funciona em silêncio. Não faz estardalhaço, ou não precisa fazer. Não é espetacular, ou não precisa ser.

É o poder múltiplo, automático, anônimo. A vigilância funciona como uma rede, de alto a baixo, de baixo para cima e lateralmente (os indivíduos do mesmo patamar ou do mesmo grupo controlam-se entre si). Há chefe ou fiscal designado, mas é o dispositivo inteiro que produz poder e distribui os indivíduos nesse campo permanente e contínuo. Tudo muito diferente da centralização na figura do soberano, da intermitência do exercício da punição.

Desse modo diluído, o foco e a fonte do controle, "sente-se" e faz-se poder por todos os cantos, por todos os poros, em todas as relações. E isto, sem dúvida, tem também notáveis efeitos repressivos. Mas as punições, preferencialmente, exercem-se como se fossem uma infrapenalidade. O que é isso? É que se penalizam transgressões do tempo (atrasos, ausências, interrupções de tarefa), da atividade (desatenção, negligência, falta de zelo), da maneira de ser (desobediência, grosseria), do discurso (tagarelice, insolência), do corpo (atitudes incorretas, gestos, sujeira), da sexualidade (indecência, imodéstia). Note-se que o exercício do poder, no que diz respeito à penalização, não se restringe a casos de crimes, assaltos e transgressões à lei/constituição. Ele atravessa o cotidiano, normalizando e punindo as frações mais tênues da conduta.

A disciplinarização é da ordem do próprio exercício, do próprio fazer; mais especificamente de sua repetição à exaustão (vide o quanto se "aprende" nas escolas por repetição, em número indeterminado, de uma determinada seqüência). É da ordem da diferenciação entre os que conseguem e os que não conseguem dar conta dessas exigências. Da ordem da divisão entre "bons" e "maus". Da diferenciação, não de atos, mas dos próprios indivíduos, de sua natureza, de suas virtualidades, de seu nível ou de seu valor. Daí que a penalidade muitas vezes se integra no ciclo do conhecimento das pessoas; ou seja, a disciplina, ao sancionar os atos com exatidão, avalia os seus praticantes e os classifica, rotula ou, como se costuma dizer, "revela-os".

Pensando com Foucault, um exemplo dessa relação avaliação/revelação/conhecimento/penalização é o psicodiagnóstico: tudo se passa como se, ao "avaliar" alguém por meio de um teste, se pudesse estar conhecendo sua "verdade", aquilo que nem ele próprio sabe de si, mas que o teste (ou o aplicador) sabe; há aí uma infrapenalidade, a despossessão do saber de si em detrimento do saber supostamente intrínseco à técnica ou à teoria que lhe dá suporte.

É por essas e outras que a punição, nessa estratégia de poder, funciona como que num modelo reduzido do tribunal no cotidiano das instituições que fazemos. Destaca tudo o que se afasta da norma: desde o que está previsto em lei, até os parâmetros de desenvolvimento de funções psicológicas, passando por patamares de aprendizagem de conceitos e habilidades. Um poder onipresente e onisciente...

Tanto controle assim, era de se esperar, produz, no ato mesmo de controlar e com a mesma sutileza e dispersão, o seu contrário. Ou, pelo menos, o contracontrole. Como dissemos, o olhar vigilante é suportado por uma disposição física do ambiente que permite ver melhor e ver tudo (ou quase tudo), mas quem vê é também visível. Por isso, a vigilância nos enreda a todos. E aquilo que chamamos de jogo de domínio e resistência acirra-se e torna-se, no caso da disciplina, evidentemente móvel. Isto é: há um quê de domínio no movimento da resistência. Quantas vezes um professor, sem que o consiga verbalizar, sente-se "vigiado" por seus alunos. Silenciosa e insidiosamente. Não se trata de qualquer tipo de delírio de perseguição. Se existe aí alguma paranóia, pode não ser um "problema de ordem pessoal" (não só, pelo menos), mas um efeito da rede de relações disciplinares. De seu lugar, os "oprimidos" fazem contracontrole.

Aliás, contracontrole não é termo muito adequado. É *controle* sempre, independentemente de proceder dos lugares física e institucionalmente marcados para vigiar e dominar, ou daqueles destinados a serem vigiados. O fato é que o próprio dispositivo é condição de controle de todos os lados. Por esse motivo, o termo *oprimido* foi grafado entre aspas: para sair da concepção tradicional de poder como coisa, como posse de alguém ou de algum grupo, exercido unilateralmente, sem qualquer previsão de retorno ou reciprocidade.

Além disso, se a norma ou a normalização são o objetivo das práticas disciplinares, por que não supor a possibilidade de que se normatize também na resistência? Ilegalismos (e ilegalidades até) podem ser fruto da disciplinarização. Para exemplificar um desses "tiros que saem pela culatra", cabe comentar um fato que tem sido noticiado pela imprensa no Brasil, neste janeiro de 1996. Verão quente (em todos os sentidos) nas praias cariocas. A polícia (com certeza, no discurso oficial) se vê às voltas com o combate às "ondas de apitos" que anunciam a aproximação de policiais, para que os usuários de maconha, sobretudo, possam se safar de serem pegos. Há uma organização difusa de colaboradores na distribuição de apitos na areia. Simpatizantes, usuários e militantes esforçam-se pela causa, pela liberdade de costumes e, num curioso jogo de esconde-esconde, batalham, dão entrevistas a jornais e revistas, e, com isso, naturalizam, mais e mais, práticas escusas por lei. Nesse clima, é cena quase insólita a entrevista do Chefe da Polícia do Rio de Janeiro à TV, dizendo nervosamente, em meio ao desalinho dos cabelos e da camisa branca, atravessada pelos cinturões pretos de balas: "nós vamos calar a boca desses apitos!" ou algo que o valha. Segmentos da população e polícia insurgem como dois grupos, numa espécie de desafio de viola, pondo no discurso, e portanto legitimando, tanto a ação repressiva quanto a abusiva. Há um acréscimo, aí, da divulgação, na mídia, daquilo que, sabemos, acontece em relativo silêncio. Muito mais, certamente, acontece no silêncio midiológico, como as implicações de policiais no tráfico mesmo das drogas; não dos apitos. E, se nos dedicássemos a pensar esse outro movimento dos fatos, poderíamos identificar, em ação, elementos do que Foucault propõe como a estratégia do poder disciplinar.

Por ora, no entanto, creio que o leitor já se muniu de informações suficientes da teoria desse autor, para que possamos voltar à questão-título do capítulo — *Poder Indisciplina* — e jogar com suas conotações. A postos.

Há algum tipo de relação entre poder e indisciplina

Se o leitor está bem lembrado, na abertura do capítulo comentamos a ambigüidade de seu título. Ele é suficientemente estranho para que se lhe possam atribuir vários sentidos. Um deles é de que há uma relação entre poder e indisciplina.

Tudo o que fundamentei em Foucault, até o momento, presta-se a dar força a essa frase torcida. Sim. Definimos com ele um conceito muito especial e pouco usual de poder; depois procuramos entender o que ele denomina *poder disciplinar*; verificamos, então, que essa modalidade é a que melhor se encaixa na conceituação de poder como jogo de forças, como produtivo e repressivo, como exercício cotidiano interior a qualquer relação. Aí, falamos de *indisciplina*.

Pode parecer um equívoco falar em indisciplina se o poder é disciplinar; no entanto, o que fica demonstrado é que esta é uma das decorrências da disciplinarização: então, as coisas não se passam de fora para dentro, com um ato de poder reprimindo uma conduta indisciplinada. Pelo contrário, a indisciplina faz parte da própria estratégia de poder, é gerada pelos mesmos mecanismos que visam ao seu controle. A "cola" é exemplo disso: só faz sentido num determinado cenário de avaliação e demonstra que o aluno, de sua posição, é bastante capaz de olhar a direção do olhar do professor e produzir, exatamente na falha desse olhar, o que burla a avaliação; anula-a naquilo a que ela se propõe; o conhecimento sobre o nível de conhecimento do aluno, que o exame visa atingir, invalida-se; e o aluno dribla a situação, dando a conhecer o que "cola".

Numa instituição, que se poderia chamar de paraeducativa, como a FEBEM, os internos infratores com freqüência dizem (muitas vezes por atos isolados ou coletivos) os jeitos de que dispõem para romper com aquela ordem. As "quebradeiras", os incêndios são, sobretudo, reações às condições da vida entremuros. Aliás, a FEBEM, para quem já pôde conhecê-la de dentro e não apenas por notícia de jornal, apresenta-se exatamente como a mais fantástica combinação entre normalização e caos. Não só da parte dos meninos. A ordem-FEBEM *é* isso (Guirado, 1986).

Poder gera indisciplina

Assim pensando e analisando, é possível, talvez abusadamente, acrescentar o artigo *o* ao nosso título e dizer *o poder indisciplina*. O abuso corre por conta de o artigo definido personalizar o termo *poder*, ou melhor, substancializá-lo e, com isso, fugir à novidade do conceito de poder foucaultiano (poder é verbo, é correlação de forças; insubstancial, portanto). A possibilidade, por sua vez, corre por conta de considerar a indisciplina como um dos efeitos de uma relação de poder.

Desta feita, numa ousada derivação da equivocidade das palavras, é possível dizer que o poder, lá em sua forma modelarmente disciplinar, gera indisciplina. Afinal, a rede de controle e vigilância, o olhar hierárquico representado pela arquitetura do *panóptico*, o sistema contínuo de previsões de condutas certas ou erradas com as devidas contingências punitivas, bem como o exame (prática que atravessa as mais diversas instituições da modernidade), todo este aparato, todos esses dispositivos, por seu próprio exercício, vão incitar e colocar no discurso, exatamente, o que visa mitigar.

Então, *é permitida a indisciplina*? De certo modo, sim. Se entendo *permitir* como *facultar*, por tudo que se depreende do conceito, a rede de relações disciplinares faculta a indisciplina.

O leitor deve ter a sensação de que estamos brincando com as palavras e que tudo não passa de um jogo com meia dúzia delas. Brincamos sim, mas a sério. Fomos buscar, numa composição de dois termos, a possibilidade de dizer do avesso/direito do cotidiano, de dizer da complexidade de relações que habitualmente tomamos como óbvias e que de óbvias nada têm. Para tanto, estudamos o pensamento de um autor, tomamo-lo como referência e exploramos, inclusive, as possibilidades gramaticais e léxicas na constituição de sentidos.

Creio que esta brincadeira poderia continuar por mais algum tempo ainda, e chegaríamos a outras sérias conclusões. No entanto, esse é um divertido exercício de raciocínio que o leitor pode experimentar ao seu gosto. Para o momento, prefiro me deter nas perguntas que, aposto, quem me lê deve estar se colocando.

Se assim é, então...

... que fazer? Sentimo-nos como tendo conseguido apanhar nosso próprio rabo e, daí, poucas são as chances de nos desvencilharmos do incômodo. Se a questão da indisciplina na educação já é algo candente, quanto mais agora que sabemos que ela é constituída no processo mesmo de disciplinarização.

A relação professor/aluno já vem abalada por embates e desafios: os problemas infra-estruturais como os salários e a precariedade das condições físicas; os problemas sociais e de relacionamento como os de segurança e ameaças ao exercício de sua função por alunos e outros grupos institucionais; os problemas técnicos e de formação que parecem eternamente desencontrados das demandas e das condições dos aprendizes; e assim por diante.

A esse cenário acrescentam-se entre nós, há duas décadas, pesquisas acadêmicas, livros e textos que, partindo de uma análise "progressista", incriminam os professores como autoritários, como braços do Estado na perpetuação da ordem burguesa, como mandatários quase irrecuperáveis das instituições educativas.

Para onde ir? Assumimos a culpa por essa "praga ideológica" que, dizem, encarnamos? Exercemos sem culpa a delegação de poder que nos imputam? Paramos de trabalhar, para não "contribuir com o Sistema"?

Em verdade. Estamos em palpos de aranha!

Ou, talvez, nem tanto. Penso que, nessas horas, o exercício de considerar a complexidade da situação concreta, munidos de recursos teóricos como os que tentamos desenvolver com Foucault, pode ajudar. Porque nos permite, até certo ponto, analisar as situações concretas que vivemos e fazemos acontecer, seja qual for o lugar que ocupamos nelas. Claro que uma análise asséptica é impossível, na medida em que o "ora improvisado analista" está na relação e, ainda que disso não se dê conta, é comprometido com as exigências específicas que caracterizam seu lugar e defende interesses que lhe são inerentes. Mesmo assim, uma boa teoria pode ter exatamente esse propósito de nos fazer, ainda que pontual e evanescentemente, ganhar alguma distância para pensar o que é que está em jogo nas situações concretas.

Quero dizer que se, enquanto professores/educadores, vestirmos as lentes de idéias como essas, localizamos melhor as peças do quebra-cabeça e podemos, de partida, reconhecer que estamos todos (os grupos institucionais) envolvidos e acionando a estratégia de poder que caracteriza a educação. Tal exercício não tarda a apresentar efeitos. Vejamos algumas decorrências de pensar desse modo.

Em princípio, quando estamos envolvidos, ou melhor, quando fazemos parte de um quadro institucional ou de uma relação comprometemo-nos, inevitavelmente, com as atribuições do lugar que ocupamos. Na qualidade de professor, por exemplo, é freqüente emitir juízos a respeito das irresponsabilidades dos alunos, ou ser atacado por uma irresistível compulsão a fazer chamadas e controlar presenças, ainda que o costume não seja esse (como é o caso da maioria das escolas do Ensino Superior). Como se um conjunto de pré-conceitos, concepções ou imagens a respeito da conduta e das características do lugar do outro em relação revestisse nosso assento e o interior de nossas convicções.

No mínimo, para um professor, é importante estar atento para que os alunos não o dominem, façam-no de bobo ou identifiquem suas regiões de ignorância. Mas, se o mesmo professor é também um pesquisador ou um teórico sobre os problemas da relação professor/aluno, e costuma advogar pelas causas do grupo "oprimido" nela, vai apresentar outro discurso e descrever por outro ângulo as atribuições de conduta do alunato; provavelmente destacará mais o quanto este grupo está submetido aos desmandes do professor. O que esse nosso professor hipotético (nem tão hipotético assim...) vai fazer com as oposições entre os dois discursos é uma história à parte. As dissociações mais variadas podem socorrê-lo. Ou então, como indicamos antes, uma boa teoria pode levá-lo a fazer desse paradoxo seu recurso para uma "análise encarnada" em situação. Também como indicamos antes, mesmo que seja em momentos evanescentes, é possível ascender à "lucidez desatino" da condição analítica.

Se o professor hipotético fosse, agora, um leitor desse livro, docente mas não necessariamente pesquisador, e um estudioso das teorias e dos trabalhos afeitos à sua questão profissional, da mesma maneira poderia fazer do paradoxo sua possibilidade de pensar o que é que se passa em sua relação com as turmas que ano a ano habitam as salas de aula.

Uma qualidade das idéias de Foucault é que elas retiram o discurso do eixo das "culpabilizações localizadas". Nem os professores (braços do poder do Estado, como querem algumas teorias), nem os alunos (por natureza indolentes e irresponsáveis, como sugerem outras) são os causadores dos embates do ensino. A rede de poder é uma estratégia sem sujeito, para esse autor. Isto é, por efeito dessa rede é que se desenha o perfil da relação. Quando pensamos com ele, fica difícil caracterizar bandidos e mocinhos, como grupos em ação no cenário institucional. E isto, para qualquer instituição, não só a educação, é claro.

Sem culpas sobrepostas e munidos de um radar conceitual para entender, como e quando for possível, no calor da hora ou depois dela, os acontecimentos embaraçosos ou eficientemente enraizados em nosso cotidiano: eis a contribuição dos estudos de Foucault ao educador. Sobretudo no que tange à indisciplina. Pode não ser muito. Mas, com certeza, é produtivo.

Bibliografia

FOUCAULT, M. (1985) *História da sexualidade I*: a vontade de saber. 7ª ed., Rio de Janeiro: Graal.
_____ (1979) *Microfísica do poder*. Rio de Janeiro: Graal.
_____ (1978) *História da loucura na idade clássica*. São Paulo: Perspectiva.
_____ (1977) *Vigiar e Punir*. Petrópolis: Vozes.
GUIRADO, M. (1986) *Instituição e relações afetivas*: o vínculo com o abandono. São Paulo: Summus.
_____ (1995) *Psicanálise e análise do discurso*: matrizes institucionais do sujeito psíquico. São Paulo: Summus.

Indisciplina e violência:
a ambigüidade dos conflitos na escola

Áurea M. Guimarães*

> *Dois perigos mortais*
> *ameaçam a humanidade:*
> *a ordem e a desordem.*
>
> PAUL VALÉRY

Se verificarmos os sentidos que a língua portuguesa reserva para os conceitos de indisciplina, disciplina e violência, encontraremos algumas definições, tais como: "todo ato ou dito contrário à disciplina que leva à desordem, à desobediência, à rebelião" constituir-se-ia em *indisciplina*. A *disciplina* enquanto "regime de ordem imposta ou livremente consentida que convém ao funcionamento regular de uma organização (militar, escolar, etc.)", implicaria na observância a preceitos ou normas estabelecidas. A *violência*, por sua vez, seria caracterizada por qualquer "ato violento que, no sentido jurídico, provocaria, pelo uso da força, um constrangimento físico ou moral".

Será que em educação poderíamos debater sobre esses conceitos, usando os mesmos sentidos? Será que a indisciplina e a violência são sempre indesejáveis, ou teríamos de considerar a ambigüidade desses termos?

Essas questões me levaram a buscar nas idéias de Maffesoli algumas noções referentes à violência, à ordem, à desordem, à lógica *do dever-ser versus* a *do querer-viver*,[1] nas quais a ambigüidade aí presente,

---

* Socióloga, mestre pela PUCCAMP e doutora pela UNICAMP na área de Educação. Autora de *Vigilância, punição e depredação escolar* (Papirus, 1985) e *A dinâmica da violência escolar: conflito e ambigüidade* (Autores Associados, 1996), atualmente é professora da Faculdade de Educação da UNICAMP.

1. MAFFESOLI, em *A sombra de Dionísio* (pp.21-26), faz uma distinção entre a *moral* (que funciona com base na lógica do *dever-ser*, determinando os caminhos de um indiví-

em vez de se mostrar como defeito, possibilita pensar a vida social, levando-se em conta a multiplicidade das situações.

Michel Maffesoli é professor de Sociologia na Sorbonne/Paris V. Sua obra vai de encontro aos debates atuais sobre a vida cotidiana, a violência, a rua, os pequenos desvios, a sabedoria popular, abordando a realidade social para além dos limites dos âmbitos econômico e político. Suas obras mais conhecidas no Brasil são: *A violência totalitária, A conquista do presente, Dinâmica da violência, O tempo das tribos, A sombra de Dionísio*, entre outras.

Espero que uma reflexão sobre a duplicidade sempre presente nas práticas sociais, ajude os educadores a construir algumas alternativas pedagógicas, considerando não apenas as regras do jogo institucional, mas também outras regras que, de modo subterrâneo, perpassam o cotidiano escolar.

O olhar de uma sociologia compreensiva

Para Maffesoli (1984, pp.66-67), esse final de século apresenta duas tendências que marcam a forma de se compreender o nosso tempo. Uma representa o *lado iluminado* que explica a existência dos homens a partir de um conjunto de leis econômicas, políticas, educacionais; e a outra, denominada o *lado de sombra*, acentua a importância das múltiplas e minúsculas situações do cotidiano onde predominam a fragmentação e a pluralidade do corpo social.

Os dois enfoques têm a sua importância. Perante o peso do determinismo social, é impossível negar a existência de uma realidade político-econômica cujas leis podem explicar, por exemplo, a corrupção do poder, a extrema miséria em que se encontram grandes grupos populacionais, a falência das instituições etc.

Porém, se quisermos compreender a experiência partilhada por pequenos grupos, devemos fazer um deslocamento do global para o local, tentando detectar, através de uma outra forma de análise, como a sociedade vive e se organiza também através dos reencontros, das experiências, das situações dentro dos diferentes grupos aos quais pertence cada indivíduo. Estes grupos se entrecruzam e constituem, ao mesmo tempo, uma massa indiferenciada, polarizada, muito diversificada, condicionando múltiplas atitudes tidas, muitas vezes, como irracionais, desordeiras, violentas.

Enquanto o termo *social* designa uma forma analítica de ver o mundo, determinada pelas injunções econômica e política, a *socialidade*, segundo Maffesoli, é uma forma analógica de compreensão da realidade,

---

duo, ou de uma sociedade, e explicando sua existência por um conjunto de leis) e a *ética* (cuja expressão é o *querer-viver*, que organiza as minúsculas atitudes cotidianas de pequenos grupos e remete à relativização dos diferentes valores que integram um grupo, uma comunidade, uma nação, um povo etc.).

rica de possibilidades e que se exerce no insignificante, no banal, em tudo que escapa ao enfoque macroscópico (Ibid., p.12).

O *social* tem como lógica o *dever-ser*, determinando os caminhos dos indivíduos nos partidos, nas igrejas, nas escolas, nas associações, em todos os grupos estáveis; a socialidade, ao contrário, é expressão do *querer-viver*, de uma outra lógica que organiza as minúsculas atitudes cotidianas dos pequenos grupos (Maffesoli, 1985, pp.21-26).

No âmbito do *social*, os indivíduos mantêm uma identidade precisa: o sexo, a profissão, a religião, o partido político e uma autonomia atribuída à competência individual, ou às determinações macroestruturais.

A *socialidade*, por sua vez, fundamenta-se nos diversos papéis que cada pessoa representa não só, por exemplo, na sua atividade profissional, mas também no seio das diversas tribos.[2] Aqui, o pessoal não segue o *princípio de individuação* (Maffesoli, 1988, pp.72-92), que tem por referência o indivíduo particular, mas se expressa no que Maffesoli denomina *corpo coletivo*, sedimentado no pluralismo existencial cuja lógica tem como características a vaguidade, a indecisão, o provisório, o fluido, abrindo uma outra compreensão da cultura.

Se nas instituições prevalece a lógica do dever-ser, onde o domínio das regras e das normas tenta uniformizar o comportamento das pessoas, não podemos deixar de perceber também a existência de uma lógica do querer-viver, abrindo espaços para um tipo de participação em que cada um, no seu jeito individual de colaborar, sente-se representado coletivamente, sem perder a sua especificidade. Toda instituição seria fecundada pela ambigüidade dessas duas lógicas.

No caso da lógica do dever-ser, está presente a tentativa de equivalência generalizada que indiferencia os contrários, os antagonismos e racionaliza as coerções. O controle racionalizado da vida social, principalmente através do mecanismo da burocratização, culminou numa vida completamente desapropriada de sua conexão com o coletivo, pois o que predomina é a planificação, a imposição de normas, a repressão e a assepsia da existência cotidiana. A vida passa a ser controlada nos mínimos gestos e o indivíduo passa a ser manipulado pelas instituições, pois cada um se torna um espectador passivo de seu próprio destino.

---

2. Michel MAFFESOLI, *O tempo das tribos*, pp.35-36. Segundo MAFFESOLI, assistimos hoje à emergência de um período em que predominam as atitudes grupais. Cada grupo conta suas histórias, cada um participa de uma série de tribos, constituindo o que o autor chama de neotribalismo, caracterizado pela fluidez, pelos ajuntamentos, pela dispersão. No neotribalismo, as pessoas circulam, participam de uma rede, mas sem um projeto específico. Criam-se cadeias de amizade que possibilitam as relações através do jogo da proxemia: alguém me apresenta a alguém, que conhece outro alguém, e assim por diante. Há uma íntima ligação entre a proxemia e a solidariedade. A ajuda mútua surge por força das circunstâncias e sempre pode ser ressarcida no dia em que se tiver necessidade dela. Os grupos sociais dão forma aos seus territórios e às suas ideologias, e depois são constrangidos a se ajustarem, suscitando uma multiplicação indeterminada de tribos que seguem as mesmas regras de segregação e de tolerância, de atração e de repulsão.

Para além do indivíduo, existe uma unidade abstrata que predomina sobre ele e que se desenvolve em detrimento do coletivo.

Com o desaparecimento da coesão social, esvaziando a socialidade de sua força, de sua potência, rompe-se a ressonância entre o micro e o macrocosmo e o que assistimos é o surgimento de uma modalidade de violência chamada por Maffesoli (1981, p.125) de *violência dos poderes instituídos*, ou seja, dos órgãos burocráticos, dos Estados, do Serviço Público.

Quando a sociedade se limita cada vez mais ao que é da ordem do policial, do fiscal, do militar, esquecendo-se dos microscópicos vínculos que permitem captar a tessitura da trama social, essa ênfase acaba constituindo-se num eficaz instrumento de dominação, expurgando o que não é evidente, concreto, transparente, e ocasionando uma exacerbação da violência cotidiana. Porém, quando a lógica do querer-viver se impõe, surgem tensões que se expressam no interior dos grupos e entre eles. Essas forças impedem sempre o êxito completo da dominação.

Toda vez que os poderes instituídos neutralizam as diferenças, levando à submissão, à adaptação e deixam de considerar as forças coletivas dos diferentes grupos, há efeitos de ruptura que podem ocorrer tanto frontalmente (as fúrias urbanas, os arrombamentos), como através da *violência banal*, isto é, das resistências passivas que aparentemente se integram ao instituído, mas que, na realidade, se opõem a ele, subvertendo o poder silenciosamente (Maffesoli, 1987a, pp.98-99 e 114).

A banalidade é tudo aquilo que está fora do alcance de todo o poder exterior, mas que alicerça o prazer de estar junto. Submissões aparentes podem representar resistências reais desde que se as considere como atitudes que, tomadas em conjunto, tendem a quebrar ou, pelo menos, desviar as imposições da planificação social.

Para Maffesoli, existe uma astúcia popular revestida de duplicidade que se enraíza e se desenvolve no cotidiano, estruturando uma existência dupla, cortada, sem sentido, descontínua que recusa a subjugação total e permite a sobrevivência social e individual (Ibid., p.69). Não há nem uma recusa absoluta, nem uma adesão arrebatada, mas uma atitude subversiva que, para Maffesoli, é expressão de saúde. Essa atitude astuciosa, de modo passivo, perverso,[3] duplo, move o social que resiste aos massacres dos valores oficiais, e os indivíduos, aparentemente integrados a esses valores, preservam um tanto para si, sobrevivendo às imposições das normas. Não se luta contra os valores estabelecidos, mas se procura ganhar distância, formando uma dissidência interior, através de uma arte de fachada, da ironia, do cômico.

---

3. Michel MAFFESOLI, op. cit., p.72. O termo perverso é usado no sentido de *pervia* = caminho desviado.

Analisar a natureza da violência, explicitando sua dinâmica e reconhecendo os elementos ambíguos que a compõem, não significa abstraí-la de um contexto histórico e social, mas apontá-la como um fenômeno que coloca à mostra a intensidade das experiências coletivas, permitindo a manifestação das pequenas desordens da vida cotidiana.

A indisciplina aparece aqui sob todas as formas de conflito que incorporam uma capacidade de resistência dos pequenos grupos e expressam-se quer sob uma aparente submissão, quer através dos excessos de todos os tipos: depredação, pichações, zombarias, riso, ironia, tagarelice. Essas manifestações, que de certa forma delineiam a característica essencial do estar-junto, estariam fundadas, segundo Maffesoli (1980, p.346), no instinto da regra.

Os grupos funcionam protegidos por uma lei que preserva suas particularidades específicas, assegurando sua integração. Em vez de uma ordem gerida pela monopolização de uma realidade que remete a uma acumulação da energia social, temos um ordenamento cuja dinâmica recusa a monopolização e garante a circulação da energia social (Maffesoli, 1981, p.107). Num caso, o indivíduo está completamente dependente em relação a um controle central, abstrato, anônimo, como ilustra o "Grande Irmão de 1984"; noutro, as potencialidades de cada um são reconhecidas e integradas em um conjunto (Maffesoli, 1982, p.366).

Maffesoli (1986, pp.337-339) refere-se a uma *ordem (con)fusional* que garante os interesses comuns de um conjunto, mas guarda a autonomia de cada um. Não se trata de uma ordem que impõe uma unidade fundada no igualitarismo, na homogeneização dos comportamentos, mas de uma ordem incorporada que, ao ser vivida, cria uma espécie de *unicidade*, ou seja, uma união em pontilhado, um ajustamento de elementos heterogêneos que não ocorre sem dilaceramentos e conflitos (Maffesoli, 1987b, pp.144 e 176).

Escola: espaço de violência e indisciplina

Vamos refletir agora como a escola, enquanto espaço de violência e de indisciplina, é percorrida por um movimento ambíguo: de um lado, pelas ações que visam ao cumprimento das leis e das normas determinadas pelos órgãos centrais, e, de outro, pela dinâmica dos seus grupos internos que estabelecem interações, rupturas e permitem a troca de idéias, palavras e sentimentos numa fusão provisória e conflitual.

A instituição escolar não pode ser vista apenas como reprodutora das experiências de opressão, de violência, de conflitos, advindas do plano macroestrutural. É importante argumentar que, apesar dos mecanismos de reprodução social e cultural, as escolas também produzem sua própria violência e sua própria indisciplina.

Para podermos dar conta de algumas formas de violência e de indisciplina que dinamizam a vida cotidiana da escola, é preciso apreender, na ambigüidade desses fenômenos, seus modos específicos de manifestação.

Não é meu objetivo valorizar esteticamente a violência, nem defender uma escola sem regras, mas apontar a existência de uma lógica interna aos fatos que ofereça uma pista para encontrarmos alternativas pedagógicas de negociação com os conflitos.

A escola, como qualquer outra instituição, está planificada para que as pessoas sejam todas iguais. Há quem afirme: *"quanto mais igual, mais fácil de dirigir"*. A homogeneização é exercida através de mecanismos disciplinares, ou seja, de atividades que esquadrinham o tempo, o espaço, o movimento, gestos e atitudes dos alunos, dos professores, dos diretores, impondo aos seus corpos uma atitude de submissão e docilidade.[4]

Assim como a escola tem esse poder de dominação que não tolera as diferenças, ela também é recortada por formas de resistência que não se submetem às imposições das normas do dever-ser. Compreender esta situação implica em aceitar a escola como um lugar que se expressa numa extrema tensão entre forças antagônicas.[5]

Como a pluralidade das ações aí presentes não se reduz à uniformidade, o princípio da homogeneização não se coloca tranqüilamente, pois ele repousa numa inquietação frente ao querer-viver dos diferentes grupos. A disciplina imposta, ao desconsiderar, por exemplo, o modo como são partilhados os espaços, o tempo, as relações afetuais[6] entre os alunos, gera uma reação que explode na indisciplina incontrolável ou na *violência banal*.

Se ensinar é mais do que transmitir conteúdos, ou seja, é poder gerir relações com o saber, a aprendizagem implica uma tensão, uma violência para aprender (Benavente, 1994, p.152).

---

4. Áurea M. GUIMARÃES, *Vigilância, punição e depredação escolar*, p.66. Neste trabalho, analiso como o poder penetra e se ramifica no conjunto da vida escolar, através dos controles, regulamentos, mecanismos da vigilância e da punição.

5. Na tese de doutorado intitulada *A depredação escolar e a dinâmica da violência*, defendida em 1990 na Faculdade de Educação da UNICAMP, analiso mais detalhadamente as várias modalidades de violência e a forma de sua dinâmica nas escolas pesquisadas. Ver também artigo publicado na *Revista Idéias*, n? 12, 1992, com o nome: "A escola e a ambigüidade da violência".

6. Para Maffesoli, o termo afetual tem como base não a afetividade dos indivíduos, como na análise freudiana, mas o emocional que remete a uma ambiência global. Os modos de vestir, de comer, de viver expressam estilos de vida que se capilarizam no tecido social, formando o "em torno", o cotidiano, ou essa dimensão geral da qual cada um de nós está impregnado, mas num aspecto englobante. De acordo com anotações de aula do curso "A cultura pós-moderna" ministrado pelo professor Michel Maffesoli na Escola de Comunicações e Artes/USP, no período de 18 de outubro a 1? de novembro de 1989.

A classe é o lugar onde se tece uma complexa rede de relações. Mas na medida em que o professor não consegue perceber essa teia ele concentra os conflitos ou na sua pessoa, ou em alguns alunos, não os deslocando, portanto, para o coletivo. Como não há reversibilidade de posições, forma-se uma rígida divisão entre aquele que sabe e impõe e aquele que obedece e se revolta (Colombier, 1989, p.65). Dessa forma, cada um passa a ser movido por uma ordem, por uma obrigação que é imposta e não incorporada.

O professor imagina que a garantia do seu lugar se dá pela manutenção da ordem, mas a diversidade dos elementos que compõem a sala de aula impede a tranqüilidade da permanência neste lugar. Ao mesmo tempo que a ordem é necessária, o professor desempenha um papel violento e ambíguo, pois se, de um lado, ele tem a função de estabelecer os limites da realidade, das obrigações e das normas, de outro, ele desencadeia novos dispositivos para que o aluno, ao se diferenciar dele, tenha autonomia sobre o seu próprio aprendizado e sobre sua própria vida.

O grande problema talvez esteja no fato de o professor se concentrar apenas na sua posição normalizadora achando que, com isso, ele conseguirá eliminar os conflitos. Mas, as efervescências da sala de aula marcada pela diferença, pela instabilidade, pela precariedade, apontam para a inutilidade de um controle totalitário, de uma planificação racional, pois os alunos buscam de modo espontâneo e não planejado o *querer-viver* que, por ser irreprimível, impede a instalação de qualquer tipo de autoritarismo. Quanto maior a repressão, maior a violência dos alunos em tentar garantir as forças que assegurem sua vitalidade enquanto grupo.

Quando o professor experimenta a ambigüidade do seu lugar, ele consegue, juntamente com os alunos, administrar a violência intrínseca ao seu papel. Isso não significa que a paz reinará na escola, mas que alunos e professores, por força das circunstâncias, serão obrigados a se ajustar e a formular regras comuns — os limites de fechamento e de tolerância. Portanto, nem autoritarismo e nem abandono (Ibid., p.90). O professor ocupa o seu lugar limitador, mas ele também abre brechas que permitirão ao aluno negociar e viver com mais intensidade a misteriosa relação que une o lugar-escola e o nós-alunos.

Na sua ambigüidade, a indisciplina não expressa apenas ódio, raiva, vingança, mas também uma forma de interromper as pretensões do controle homogeneizador imposto pela escola. Tanto nas brigas (envolvendo alunos, professores e diretores) como nas brincadeiras, existe uma duplicidade que, ao garantir a expressão de forças heterogêneas, assegura a coesão dos alunos, pois eles passam a partilhar de emoções que fundam o sentimento da vida coletiva.

A escola tende a reforçar ora a integração plena, ora a rejeição total e, com isso, ela rompe o eixo das redes em que se apóiam a aproximação e a recusa afetivas. Esse desequilíbrio desvincula a escola de seu enraizamento junto aos alunos, represando sentimentos que freqüentemente explodem sob as formas mais indesejáveis.

O objetivo de eliminar a violência e a indisciplina, ou de colocá-las para fora do espaço escolar, faz com que se perca a compreensão da ambigüidade desses fenômenos que, entre a *ordem* e o *ordenamento*, restauram a *unicidade grupal* e instalam uma tensão permanente. Quando essa tensão é vivida coletivamente, ela assegura a coesão do grupo; quando impedida de se expressar, transforma-se numa violência tão desenfreada que nenhum aparelho repressor, por mais eficiente que seja, poderá conter.

Portanto, nem uma liberação geral, nem uma ordem absoluta tem eficácia sobre o movimento dos diferentes grupos que compõem o território escolar, e que obedece a leis próprias. O confronto da escola com essas leis obriga à negociação, à adaptação. Quanto maior a sua capacidade em assumir e controlar a violência, mais a escola dará ao conjunto uma mobilidade que permitirá driblar e agir com tolerância perante os diferentes tipos de agitação.

Mas, quando a escola se enrijece, aplicando uma lei única para todos os casos, o coletivo se desestrutura porque as discordâncias, deixando de ser objeto de negociação, enfraquecem os vínculos da trama social e começam a ser tratadas por especialistas. O diretor passa a depender, por exemplo, dos peritos (policiais, bedéis, orientadores, psicólogos etc.) que se utilizam da força física, moral e/ou psicológica para conter o movimento da violência. Contudo, a ação desses peritos será pouco eficaz, porque quando a violência não é eliminada, ela assume outras modulações e rompe regularmente, trazendo à tona tudo o que foi rejeitado.

Como diretores de escola, professores, educadores em geral irão negociar com os conflitos? Não se trata de receitar formas que levem a essa negociação, mesmo porque não existe plano algum que solucione o problema da violência e da indisciplina de modo a eliminá-las por completo. O conflito está sempre presente, o que obriga a trabalhar, a cada momento, com todas as turbulências do dia-a-dia, localizando as formas através das quais elas se compõem em relação aos limites e às coerções da instituição (Baudry, 1988, pp.5-17).

Uma disciplina homogeneizadora que valha para a escola toda, feita para um conjunto de alunos equivalentes àqueles de um passado idealizado (*"dos velhos tempos"*), está destinada ao fracasso. Com o advento da escola de massas, há outras regras em jogo que nada têm a ver com a experiência que vivemos no passado. Existe um conjunto de histórias tão diversificadas que precisam ser conhecidas para que os educadores descubram os mundos de onde os alunos provêm.

É preciso construir práticas organizacionais e pedagógicas que levem em conta as características das crianças e jovens que hoje freqüentam as escolas. A organização do ano escolar, dos programas, das aulas, a arquitetura dos prédios e sua conservação não podem estar distantes do gosto e das necessidades dos alunos, pois, quando a escola não tem significado para eles, a mesma energia que leva ao envolvimento, ao interesse, pode transformar-se em apatia ou explodir em indisciplina e violência.

Como encontrarmos um equilíbrio entre os interesses dos alunos e as exigências da instituição? É preciso deixar de acreditar que paz signifique ausência de todo conflito.

Empreendimentos que flexibilizem o tempo e o espaço do território escolar, que não excluam a possibilidade de dissidências e nem o debate sobre estas questões, podem dar início ao despontar de uma solidariedade interna que recuse o coletivismo, isto é, a imposição unitária de comandos, e que engendre uma luta pelo coletivo, ou seja, uma atividade conjunta que rompa com o isolamento das pessoas e crie uma comunidade de trabalho.

Essa comunidade faz nascer a proximidade afetual que possibilita a troca recíproca, sem eliminar a autonomia das pessoas e as suas diferenças. Mas para que exista esta solidariedade, é preciso correr o risco da separação, da hostilidade que atravessa todas as redes da trama social escolar e que faz relembrar as bases do seu funcionamento. Os múltiplos confrontos e o viver ambíguo (entre a harmonia e o conflito) integrado a uma ação coletiva, não atomizada, são os fatores que concretizam a paixão do estar-junto, o gostar da escola, ainda que apenas para encontrar os amigos.

Bibliografia

BAUDRY, P. (1988) Approche sociologique de la violence. *Cahiers Internationaux de Sociologie*. Paris: Presses Universitaires de France, v.LXXXIV, pp.5-17.

BENAVENTE, A. (1994) O debate sobre indisciplina na escola. *Revista da Associação de Sociologia e Antropologia da Educação*. Porto: Edições Afrontamento, n.2, pp.141-170.

COLOMBIER, C. e outros. (1989) *A violência na escola*. São Paulo: Summus Editorial.

GUIMARÃES, A.M. (1996) *A dinâmica da violência escolar*: conflito e ambigüidade. Campinas: Autores Associados.

_____ (1992) A escola e a ambigüidade da violência. *Série Idéias*. São Paulo: Fundação para o Desenvolvimento da Educação, n.12, pp.51-66.

_____ (1990) *A depredação escolar e a dinâmica da violência*. Campinas: Universidade Estadual de Campinas (Tese de Doutorado).

_____ (1985) *Vigilância, punição e depredação escolar*. Campinas: Papirus.

MAFFESOLI, M. (1988) *O conhecimento comum*: compêndio de sociologia compreensiva. São Paulo: Brasiliense.

_____ (1987a) *Dinâmica da violência*. São Paulo: Ed. Revista dos Tribunais.

_____ (1987b) *O tempo das tribos*: o declínio do individualismo nas sociedades de massa. Rio de Janeiro: Forense-Universitária.

_____ (1986) A superação do indivíduo. *Revista da Faculdade de Educação*. São Paulo: FEUSP, v.12, n.1/2, pp.334-342.

_____ (1985) *A sombra de Dionísio*: contribuição a uma sociologia da orgia. Rio de Janeiro: Graal.

_____ (1984) *A conquista do presente*. Rio de Janeiro: Rocco.

_____ (1982) La maffia: note sur la socialité de base. *Cahiers Internationaux de Sociologie*. Paris: Presses Universitaires de France, v.LXXIII, pp.363-368.

_____ (1981) *A violência totalitária*: ensaio de antropologia política. Rio de Janeiro: Zahar.

_____ (1980) Le rituel et la vie quotidienne comme fondements des histoires de vie. *Cahiers Internationaux de Sociologie*. Paris: Presses Universitaires de France, v.LXIX, pp.341-349.

A indisciplina e o processo educativo:
uma análise na perspectiva vygotskiana

Teresa Cristina R. Rego*

A questão da indisciplina nas salas de aula é um dos temas que atualmente mais mobilizam professores, técnicos e pais (e, em alguns casos, até os alunos) de diversas escolas brasileiras (públicas e particulares, de educação infantil, de 1º ou de 2º graus) inseridas em contextos distintos. Entretanto, apesar de ser objeto de crescente preocupação, no meio educacional este assunto é, de um modo geral, superficialmente debatido. Além da falta de clareza e consenso a respeito do significado do termo indisciplina ou disciplina, a maior parte das análises parece expressar as marcas de um discurso fortemente impregnado pelos dogmas e mitos do senso comum (nem sempre de bom senso). Isto se agrava na medida em que os estudos e pesquisas sobre a indisciplina (natureza, características, identificação de possíveis causas, o papel da escola e da família na produção da indisciplina, a questão da indisciplina na sociedade contemporânea etc.) além de parciais, ainda são relativamente escassos.

Neste artigo[1] procuraremos fazer uma reflexão, ainda que breve, sobre o assunto inspirados nas teses elaboradas pelo psicólogo russo Lev Semenovich Vygotsky, autor interessado em compreender a gênese do psiquismo humano em seu contexto histórico-cultural. Sem pretender apresentar uma síntese que faça justiça à complexidade e à abrangência da obra vygotskiana, nos limitaremos àqueles aspectos que têm especial relevância para a análise do tema em pauta.

É importante ressaltar que não é possível encontrar em sua obra referências explícitas à questão da indisciplina. Todavia, o fato de atri-

---

* Pedagoga, mestre e doutoranda pela Faculdade de Educação da USP. Autora de *Vygotsky: uma perspectiva histórico-cultural da educação* (Vozes, 1995). Atuou como professora, coordenadora e diretora pedagógica em escolas de educação infantil, de primeiro e segundo graus. Atualmente é professora da UNESP.

1. Agradecemos à Profa. Dra. Marta Kohl de Oliveira pela valiosa leitura crítica dos originais deste texto.

buir em suas teses um lugar central à noção de construção social do sujeito permite que façamos algumas relações com o plano educacional. Mais do que responder as inúmeras questões relacionadas a este complexo tema, os postulados vygotskianos instigam algumas inquietações, nos levam a formular melhor nossas perguntas, a ampliar nosso olhar sobre o problema, bem como a questionar falsas certezas, já que contribuem para a compreensão das características psicológicas e socioculturais do aluno e de como se dão as relações entre aprendizado, desenvolvimento, ensino e educação.

Antes de nos determos nas contribuições da abordagem vygotskiana para a análise da indisciplina, gostaríamos de observar alguns aspectos preliminares que consideramos importantes na discussão do problema em foco. O primeiro diz respeito às inúmeras configurações e enfoques que a noção de indisciplina pode assumir ou suscitar. O segundo se refere à tentativa de analisar os pressupostos subjacentes às idéias e explicações sobre o fenômeno da indisciplina geralmente presentes no meio educacional.

Afinal, o que entendemos por indisciplina e quais são as suas causas?

Conforme já mencionamos, as idéias acerca da indisciplina estão longe de serem consensuais. Isto se deve não somente à complexidade do assunto e à marcante ausência de pesquisas que contribuam no refinamento do estudo deste problema, mas também à multiplicidade de interpretações que o tema encerra. O próprio conceito de indisciplina, como toda criação cultural, não é estático, uniforme, nem tampouco universal. Ele se relaciona com o conjunto de valores e expectativas que variam ao longo da história, entre as diferentes culturas e numa mesma sociedade: nas diversas classes sociais, nas diferentes instituições e até mesmo dentro de uma mesma camada social ou organismo. Também no plano individual a palavra indisciplina pode ter diferentes sentidos que dependerão das vivências de cada sujeito e do contexto em que forem aplicadas. Como decorrência, os padrões de disciplina que pautam a educação das crianças e jovens, assim como os critérios adotados para identificar um comportamento indisciplinado, não somente se transformam ao longo do tempo como também se diferenciam no interior da dinâmica social.

Ao chamarmos atenção para o processo dinâmico de formação e transformação do conceito de indisciplina na história humana e as diversas conotações que o termo pode sugerir na sociedade atual, não estamos postulando, obviamente, a impossibilidade de admitir um núcleo relativamente estável de aspectos e relações que designam a noção de indisciplina, compartilhável por todas as pessoas que a utilizam. Entretanto, mesmo este núcleo comum está sujeito a inúmeros enfoques, interpretações e redefinições. Por esta razão, consideramos relevante refletirmos sobre os significados geralmente atribuídos na nossa sociedade, especialmente no meio educacional, à palavra indisciplina.

Segundo o dicionário o termo disciplina pode ser definido como "regime de ordem imposta ou livremente consentida. Ordem que convém ao funcionamento regular de uma organização (militar, escolar, etc.). Relações de subordinação do aluno ao mestre ou ao instrutor. Observância de preceitos ou normas. Submissão a um regulamento". E, disciplinar, o ato de "sujeitar ou submeter à disciplina: disciplinar uma tropa. Fazer obedecer ou ceder; acomodar, sujeitar; corrigir: Procurou disciplinar os instintos selvagens da criança". E ainda, disciplinável como "aquele que pode ser disciplinado". Já o termo indisciplina refere-se ao "procedimento, ato ou dito contrário à disciplina; desobediência; desordem; rebelião". Sendo assim, indisciplinado é aquele que "se insurge contra a disciplina" (Ferreira, 1986, p.595).

Estas definições podem ser interpretadas de diversas formas. É possível, por exemplo, entender que disciplinável é aquele que se deixa submeter, que se sujeita, de modo passivo, ao conjunto de prescrições normativas geralmente estabelecidas por outrem e relacionadas a necessidades externas a este. Disciplinado é, portanto, aquele que obedece, que cede, sem questionar, às regras e preceitos vigentes em determinada organização. Disciplinador é, nesta perspectiva, aquele que molda, modela, leva o indivíduo ou o conjunto de indivíduos à submissão, à obediência e à acomodação. Já o indisciplinado é o que se rebela, que não acata e não se submete, nem tampouco se acomoda, e, agindo assim, provoca rupturas e questionamentos.

No meio educacional esta visão é bastante difundida. Costuma-se compreender a indisciplina, manifesta por um indivíduo ou um grupo, como um comportamento inadequado, um sinal de rebeldia, intransigência, desacato, traduzida na "falta de educação ou de respeito pelas autoridades", na bagunça ou agitação motora. Como uma espécie de incapacidade do aluno (ou de um grupo) em se ajustar às normas e padrões de comportamento esperados. A disciplina parece ser vista como obediência cega a um conjunto de prescrições e, principalmente, como um pré-requisito para o bom aproveitamento do que é oferecido na escola. Nessa visão, as regras são imprescindíveis ao desejado ordenamento, ajustamento, controle e coerção de cada aluno e da classe como um todo. É curioso observar que, nesta perspectiva, qualquer manifestação de inquietação, questionamento, discordância, conversa ou desatenção por parte dos alunos é entendida como indisciplina, já que se busca "obter a tranqüilidade, o silêncio, a docilidade, a passividade das crianças de tal forma que não haja nada nelas nem fora delas que as possa distrair dos exercícios passados pelo professor, nem fazer sombra à sua palavra." (Wallon, 1975, p.379)

Uma outra tendência presente no campo da educação é a de associar a disciplina à tirania. Qualquer tentativa de elaboração de parâmetros ou definição de diretrizes é vista como prática autoritária, deformadora ou restritiva, que ameaça o espírito democrático e cerceia a liberdade e espontaneidade das crianças e jovens. A disciplina assume uma conotação de opressão e enquadramento. Portanto, todas as regras e normas existentes na escola devem ser subvertidas, abolidas ou ignoradas. Sendo assim, apresentar condutas indisciplinadas pode ser entendido como uma virtude, já que pressupõe a "coragem de ousar", de desafiar os padrões vigentes, de se opor à tirania muitas vezes presente no cotidiano escolar.

Entendemos, todavia, que estes temas podem (e devem) ser interpretados de uma outra maneira, já que, vista sob aqueles ângulos, a questão da indisciplina (ou da disciplina) pode servir, de um lado, para justificar práticas despóticas e, de outro, para estimular uma espécie de tirania às avessas, na qual o projeto pedagógico fica submetido à vontade da criança ou do adolescente.

A vida em sociedade pressupõe a criação e o cumprimento de regras e preceitos capazes de nortear as relações, possibilitar o diálogo, a cooperação e a troca entre membros deste grupo social (sobretudo numa sociedade complexa como a nossa). A escola, por sua vez, também precisa de regras e normas orientadoras do seu funcionamento e da convivência entre os diferentes elementos que nela atuam. Nesse sentido, as normas deixam de ser vistas apenas como prescrições castradoras, e passam a ser compreendidas como condição necessária ao convívio social. Mais do que subserviência cega, a internalização e a obediência a determinadas regras pode levar o indivíduo a uma atitude autônoma e, como conseqüência, libertadora, já que orienta e baliza suas relações sociais. Neste paradigma, o disciplinador é aquele que educa, oferece parâmetros e estabelece limites.

A indisciplina, nesta ótica, passa a ser vista como uma atitude de desrespeito, de intolerância aos acordos firmados, de intransigência, do não cumprimento de regras capazes de pautar a conduta de um indivíduo ou de um grupo. Como analisa La Taille: "(...) crianças precisam sim aderir a regras (que implicam valores e formas de conduta) e estas somente podem vir de seus educadores, pais ou professores. Os 'limites' implicados por estas regras não devem ser apenas interpretados no seu sentido negativo: o que não pode ser feito ou ultrapassado. Devem também ser entendidos no seu sentido positivo: o limite *situa*, dá consciência de *posição* ocupada dentro de algum espaço social — a família, a escola, e a sociedade como um todo." (La Taille, 1994, p.9, grifos do autor)

Partindo destas premissas, no plano educativo, um aluno indisciplinado não é entendido como aquele que questiona, pergunta, se inquieta e se movimenta na sala,[2] mas sim como aquele que não tem limites, que não respeita a opinião e sentimentos alheios, que apresenta dificuldades em entender o ponto de vista do outro e de se autogovernar (no sentido expresso por Vygotsky, 1984), que não consegue compartilhar, dialogar e conviver de modo cooperativo com seus pares. Neste caso, a disciplina não é compreendida como mecanismo de repressão e controle, mas como um conjunto de parâmetros (elaborados pelos adultos ou em conjunto com os alunos, mas principalmente internalizados por todos), que devem ser obedecidos no contexto educativo, visando a uma convivência e produção escolar de melhor qualidade. Deste ponto de vista, a disciplina é concebida como uma qualidade, uma virtude (do indivíduo ou de um grupo de alunos) e, principalmente, como um objetivo a ser trabalhado e alcançado pela escola. *Como decorrência, a disciplina, ao invés de ser compreendida como um pré-requisito para o aproveitamento escolar, é encarada como resultado (ainda que não exclusivo) da prática educativa realizada na escola.*

A análise destes termos, longe de ser diletantismo, pode nos sugerir importantes aspectos que merecem ser examinados na discussão sobre a indisciplina na sala de aula. O modo como interpretamos a indisciplina (ou a disciplina), sem dúvida, acarreta uma série de implicações à prática pedagógica, já que fornece elementos capazes de interferir não somente nos tipos de interações estabelecidas com os alunos e na definição de critérios para avaliar seus desempenhos na escola, como também no estabelecimento dos objetivos que se quer alcançar.

Um outro aspecto capaz de influenciar significativamente o processo educativo desenvolvido na instituição escolar diz respeito à visão dos diferentes elementos da comunidade escolar (professores, técnicos, pais e alunos) sobre as causas da indisciplina. Entendemos que é necessário identificar, principalmente, os pressupostos subjacentes às explicações geralmente manifestas pelos educadores, que acabam por revelar, ainda que de maneira implícita, determinadas visões sobre o processo de desenvolvimento e aprendizagem do indivíduo e, como decorrência, o papel desenvolvido pela escola (Rego, 1995b).

No cotidiano escolar, os educadores, aturdidos e perplexos com o fenômeno da indisciplina, tentam buscar, ainda que de modo impreciso e pouco aprofundado, explicações para a existência de tal manifestação. Muito freqüentemente vêem a indisciplina como um "sinal dos tempos

---

2. Isto porque entendemos que, no processo de construção de conhecimento, os alunos devam ter participação ativa. Sendo assim, as inquietações, as movimentações em sala, as interações entre as crianças, não se confundem com atos indisciplinados já que são indicadoras de envolvimento por parte dos alunos.

modernos", revelando uma certa saudade das práticas escolares e sociais de outrora, que não davam margem" à desobediência e inquietação por parte das crianças e adolescentes: "No meu tempo o professor era autoridade; ele era respeitado não só na escola mas em toda a sociedade!". "Eu sou da época em que criança era criança e adulto era adulto, não era essa bagunça de hoje!"[3]

Nesse caso, parecem ignorar que a obediência e a não contestação da autoridade eram conseguidas, muitas vezes, através de práticas despóticas e coercitivas. Estes argumentos acabam por revelar ainda, entre outros aspectos, uma grande dificuldade (ou resistência) de atualizar o projeto pedagógico diante das demandas apresentadas pela sociedade atual. Arroyo (1995) faz um agudo questionamento deste olhar para o passado, que ele define como "um saudosismo romântico misturado ao medo e à prevenção quanto ao futuro", ainda tão predominante no meio educativo: "(...) Como educar para o futuro, para a realidade sociopolítica, com esse olhar constante voltado para o passado mitificado? Se dependesse da concepção pedagógica, se eternizaria o passado. Não o passado real, mas o passado idealizado: voltar à infância da história social e política como o ideal do convívio humano" (Arroyo, 1995, p.64).

É comum também verem a indisciplina na sala de aula como reflexo da pobreza e da violência presentes de um modo geral na sociedade e fomentadas, de modo particular, nos meios de comunicação, especialmente na TV. Nessa perspectiva, parecem compartilhar a idéia de que os alunos são o retrato de uma sociedade injusta, opressora e violenta, e a escola, por decorrência, vítima de uma clientela inadequada (Moysés; Collares, 1993). O pressuposto dessa visão é o de que o indivíduo é um "receptáculo vazio" que se modela, passivamente, às pressões do meio. A escola se vê, desse modo, impotente diante do aluno, principalmente dos que provêm de ambientes economicamente e culturalmente desfavorecidos.

Muitos atribuem a culpa pelo "comportamento indisciplinado" do aluno à educação recebida na família, assim como à dissolução do modelo nuclear familiar: "Esta criança tem uma criação familiar totalmente autoritária, está acostumada a apanhar e a receber severos castigos, por essa razão não consegue viver em ambientes democráticos"; "Se os próprios pais não sabem dar limites eu é que não vou dar!"; "A maior parte dos meus alunos vem de lares desestruturados, são filhos de pais separados, por isso apresentam este comportamento tão agressivo". Ou ainda a falta de interesse (ou possibilidade) dos pais em conhecer e acompanhar a vida escolar de seus filhos: "O problema da indisciplina está

---

3. Os comentários dos educadores apresentados neste artigo foram coletados em inúmeras situações que vivenciei ao longo de minha vida profissional: em reuniões pedagógicas, em cursos de formação de professores etc.

associado à desvalorização da escola por parte dos pais: eles nunca aparecem na escola, muito menos nas reuniões, não acompanham as lições e nem assinam as advertências!''. Neste caso, a responsabilidade pelo comportamento do aluno na escola parece ser única e exclusivamente da família. Novamente a escola se isenta de uma revisão interna, já que o problema é deslocado para fora de seu domínio.

Outros parecem compreender que a manifestação de maior ou menor indisciplina no cotidiano escolar está relacionada aos traços de personalidade de cada aluno: "Fulano é terrível, não tem jeito! Sicrano nasceu rebelde, o que eu posso fazer?''. Deste modo, atribuem a responsabilidade à própria criança ou adolescente, deixando transparecer uma concepção de desenvolvimento inatista. Em outras palavras, entendem que as características individuais são definidas por fatores endógenos, independentes, portanto, da aprendizagem e das influências do universo cultural. Os traços comportamentais de cada aluno não poderão ser modificados pois já estão definidos desde o nascimento, fazem parte da "natureza de cada indivíduo". Conseqüentemente, a experiência escolar não tem nenhum poder de influência e intérferência no comportamento individual.

Uma outra maneira de justificar as causas da indisciplina na escola, bastante presente no ideário educacional, se refere à tentativa de associar o comportamento indisciplinado a alguns "traços inerentes" à infância e à adolescência: "Os adolescentes são, de um modo geral, revoltados e questionadores, não adianta querer lutar contra isto"; "As crianças são egocentradas, por isso apresentam tanta dificuldade em entender as regras e necessidades do grupo"; "Criança é indisciplinada e desobediente por natureza, precisa ser domada". Neste paradigma, as características individuais também são dadas *a priori*, pois estão relacionadas à etapa da vida em que o aluno se encontra. Podemos afirmar que esta é uma outra versão do inatismo já que pressupõe a existência de características universais que se manifestarão em estágios previstos, independentemente das vivências realizadas em determinada cultura.

Já os profissionais da educação (diretores, coordenadores, técnicos etc.) e muitos pais, quando provocados a analisar as possíveis causas da incidência deste comportamento nas escolas, muitas vezes acabam por atribuir a responsabilidade ao professor. Deste modo, a culpa que geralmente é atribuída ao aluno, entendido como portador de defeitos ou qualidades morais e psíquicas definidas independentemente da escola (Patto, 1993) ou à sua família, passa a ser do professor. Nesta ótica, a origem da indisciplina está relacionada exclusivamente à falta de autoridade do professor, de seu poder de controle e aplicação de sanções. O problema parece se reduzir à presença de maior ou menor "pulso" para administrar e controlar a turma de alunos, assim como aplicar medidas punitivas mais ou menos rigorosas.[4] Nem é preciso ressaltar que, neste caso, a disciplina é sinônimo de ordem, submissão e respeito à hierarquia, e a idéia de autoridade se confunde com autoritarismo (Davis; Luna, 1991).

É interessante observar que, do ponto de vista do aluno indisciplinado, os motivos alegados costumam ser um tanto diferentes. Com bastante freqüência, dirigem suas críticas ao sistema escolar. Reclamam não somente do autoritarismo ainda tão presente nas relações escolares, mas também da qualidade das aulas, da maneira que os horários e os espaços são organizados, do pouco tempo de recreio, da quantidade de matérias incompreensíveis, pouco significativas e desinteressantes, da aspereza de determinado professor, do espontaneísmo de outro, da falta de clareza dos educadores, das aulas monótonas, da obrigação de permanecerem horas sentados, da escassez de materiais e propostas desafiadoras, da ausência de regras claras etc.

Os limites deste artigo não permitem que façamos uma análise mais aprofundada das idéias e visões recorrentes entre os diferentes protagonistas do sistema educativo. Embora estas opiniões comportem várias possibilidades de interpretação e síntese, nos limitaremos a alguns aspectos que consideramos relevantes.

Primeiramente, é possível observar que o lugar ocupado por cada um destes elementos no sistema educacional parece alterar significativamente o seu modo de explicar as razões da incidência da indisciplina na escola. Apesar destas diferenças, predomina, entre a maior parte dos envolvidos no processo educativo, um olhar parcial e pouco fundamentado sobre o problema. As complexas relações entre o indivíduo, a escola, a família e a sociedade não parecem suficientemente debatidas e aprofundadas. As justificativas, além de pouco críticas e abrangentes, se mostram impregnadas de meias-verdades, de explicações do senso comum ou pseudocientíficas (uma espécie de "psicologização" ou "sociologização" das questões educacionais e pedagógicas).

Em segundo lugar, gostaríamos de chamar a atenção para o fato de que, *na busca dos determinantes da indisciplina, a influência de fatores extra-escolares no comportamento dos alunos, na visão de muitos educadores, parece ocupar o primeiro plano*. O comportamento do aluno (indisciplinado ou não) não tem nenhuma relação com o que é vivido na escola,[5] já que as características individuais (rebeldia, passividade,

---

4. É curioso notar que, muitas vezes, os pais apresentam muita dificuldade em entender o papel educativo da família. É bastante comum delegarem à escola, especialmente ao professor, uma série de responsabilidades e anseios quanto à educação de seus filhos, não somente relacionados à questão da (in)disciplina.

5. Os "alunos indisciplinados" parecem ser os únicos a estabelecer relações mais abrangentes entre o comportamento indisciplinado e os fatores intra-escolares.

intransigência, (in)capacidade de cooperação, agressividade etc.) são vistas como resultado de fatores inerentes a cada aluno ou das pressões recebidas no universo social (família, televisão etc.). Deste modo, a solução para o problema da indisciplina não estaria ao alcance dos educadores.[6]

Podemos concluir que as concepções de desenvolvimento humano predominantes no meio educacional trazem sérias conseqüências à prática pedagógica, pois "(...) reforçam a idéia de um determinismo prévio (por razões inatas ou adquiridas), que acarreta uma espécie de perplexidade e imobilismo do sistema educacional. A escola se vê, assim, desvalorizada e isenta de cumprir o seu papel de possibilitadora e desafiadora (ainda que não exclusiva) do processo de constituição do sujeito, do ponto de vista de seu comportamento de um modo geral e da construção de conhecimentos." (Rego, 1995, p.92)

Entendemos que estas posições devem ser revistas, já que as explicações, mitos e crenças sobre o fenômeno da indisciplina na sala de aula difundidos no meio educacional, além de acarretarem preocupantes implicações à prática pedagógica, se embasam em pressupostos preconceituosos, superados e equivocados sobre as bases psicológicas do desenvolvimento e aprendizagem do ser humano, sobre as dimensões biológica e cultural envolvidas na formação de cada pessoa. Conforme afirma Quijano (1986, p.45): "as idéias são prisões duradouras, mas não precisamos permanecer nelas para sempre".

Vygotsky e o desenvolvimento humano

Embora a questão da constituição humana ainda seja objeto de polêmicas e controvérsias no campo da Psicologia, podemos afirmar que, do ponto de vista teórico, as abordagens *inatistas*,[7] inspiradas nas premissas da filosofia racionalista e idealista (que postulam a existência de características inatas, independentes das influências culturais) e, *ambientalistas*,[8] baseadas nas teses da filosofia empirista e positivista (que, ao enfatizar os fatores externos no processo de desenvolvimento, entende o sujeito como sendo um mero resultado da modelagem e condicionamento social), estão praticamente superadas.

A psicologia contemporânea, apesar de comportar uma pluralidade de enfoques teóricos e uma grande variedade de métodos de investiga-

---

6. Apesar de alguns profissionais da educação e pais admitirem a possibilidade de relação entre a postura do educador e a incidência da indisciplina na sala de aula, é possível notar que a análise feita é bastante simplista: tudo parece depender única e exclusivamente da autoridade do professor.

7. Também chamadas de aprioristas, organicistas ou nativistas.

8. Também conhecidas como associacionistas, mecanicistas, comportamentalistas ou behavioristas.

ção sobre o assunto, tende a admitir que as características de cada indivíduo não são dadas *a priori*, nem tampouco determinadas pelas pressões sociais. Elas vão sendo formadas a partir das inúmeras e constantes *interações do indivíduo com o meio*, compreendido como contexto físico e social, que inclui as dimensões interpessoal e cultural. Nesse processo dinâmico, ativo e singular, o indivíduo estabelece, desde o seu nascimento e durante toda sua vida, trocas recíprocas com o meio, já que, ao mesmo tempo que internaliza as formas culturais, as transforma e intervém no universo que o cerca.

A teoria histórico-cultural elaborada por Vygotsky, também conhecida como abordagem sócio-interacionista ou sócio-histórica, se insere neste paradigma. Fiel às teses do marxismo dialético, Vygotsky concebe a cultura, a sociedade e o indivíduo como sistemas complexos e dinâmicos, submetidos a ininterruptos e recíprocos processos de desenvolvimento e transformação. Sendo assim, considera fundamental analisar o desenvolvimento humano em seu contexto cultural. Este princípio originou o seu programa de pesquisa que objetivava "caracterizar os aspectos tipicamente humanos do comportamento e elaborar hipóteses de como estas características se formaram ao longo da história humana e de como se desenvolvem durante a vida de um indivíduo" (Vygotsky, 1984, p.21).[9]

É por isso que suas teses, apesar de terem sido formuladas há mais de sessenta anos, são extremamente contemporâneas, já que Vygotsky não só postula a interação indivíduo-meio mas, principalmente, procura explicar como se dá este processo bidirecional de influências.[10] Esta é talvez a principal razão para o enorme interesse que seus trabalhos vêm despertando entre estudiosos de várias áreas do conhecimento. Como avalia Valsiner: "Sua obra centrou-se, consistentemente, na idéia de *emergência de novas formas na psyché humana* sob orientação social. Essa perspectiva é tanto original quanto extremamente pertinente para as ciências sociais de nossos dias." (Valsiner, 1993, p.7, grifos do autor)

Vygotsky se dedicou, dentre outros aspectos, ao estudo das chamadas *funções psicológicas superiores*, que caracterizam o modo de fun-

---

9. Vygotsky não conseguiu realizar plenamente seu programa de pesquisa devido à complexidade da tarefa e a sua morte prematura (morreu aos 37 anos, vítima de tuberculose). Todavia, seus estudos têm especial importância não só pelo fato de ele ter sido o primeiro psicólogo moderno a identificar os mecanismos pelos quais a cultura torna-se parte da natureza de cada indivíduo (Cole; Scribner, 1984), como também por ter inspirado uma série de linhas de pesquisas relevantes para a compreensão do ser humano.

10. Os trabalhos de Vygotsky pertencem ao campo da hoje denominada Psicologia Genética, área voltada ao estudo da gênese, formação e evolução dos processos psíquicos do ser humano. Ou seja, é a parte da Psicologia que se ocupa da pesquisa dos processos de mudança psicológica que ocorrem ao longo da vida humana.

cionamento psicológico tipicamente humano, tais como o controle consciente do comportamento, a capacidade de planejamento e previsões, atenção e memória voluntária, pensamento abstrato, raciocínio dedutivo, imaginação etc. Esses processos mentais são considerados superiores e sofisticados porque referem-se a mecanismos intencionais, ações conscientemente controladas, processos voluntários que dão ao indivíduo a possibilidade de independência em relação às características do momento e espaço presente. Segundo Vygotsky, estes processos psicológicos complexos se originam nas *relações entre indivíduos humanos e se desenvolvem ao longo do processo de internalização de formas culturais de comportamento*. São bastante diferentes, portanto, dos processos psicológicos elementares (presentes na criança pequena e nos animais), tais como: ações reflexas, reações automáticas e associações simples, que são de origem biológica.

As características do funcionamento psicológico assim como o comportamento de cada ser humano são, nesta perspectiva, *construídas* ao longo da vida do indivíduo através de um *processo de interação com o seu meio social*, que possibilita a apropriação da cultura elaborada pelas gerações precedentes. "Cada indivíduo *aprende* a ser um homem. O que a natureza lhe dá quando nasce não basta para viver em sociedade. É lhe preciso adquirir o que foi alcançado no decurso do desenvolvimento histórico da sociedade humana." (Leontiev, 1978, p.267, grifo do autor)

O desenvolvimento individual não é visto, portanto, como resultante de uma "propriedade" ou "faculdade" primitivamente existente no sujeito (definidas por razões divinas ou biológicas), nem como puro reflexo de condicionamentos externos, não é imutável e universal, nem tampouco independente do desenvolvimento histórico e das formas sociais da vida humana. A cultura é, neste paradigma, parte constitutiva da natureza humana, já que a formação das características psicológicas individuais se dão através da internalização dos modos e atividades psíquicas historicamente determinados e culturalmente organizados. Ao mesmo tempo que internaliza o repertório social, o sujeito o modifica e intervém em seu meio. Neste processo bidirecional de influências, o indivíduo é capaz, inclusive, de renovar a própria cultura. É importante sublinhar que a cultura não é, portanto, "pensada por Vygotsky como algo pronto, um sistema estático ao qual o indivíduo se submete, mas como uma espécie de 'palco de negociações', em que seus membros estão num constante movimento de recriação e interpretação de informações, conceitos e significados" (Oliveira, 1993, p.38).

Vygotsky esclarece que a relação do homem com o mundo não é uma relação direta. São os instrumentos técnicos e os sistemas de signos, construídos historicamente, assim como todos os elementos presentes no ambiente humano impregnados de significado cultural, que fazem a mediação dos seres humanos entre si e deles com o mundo. A linguagem é um signo mediador por excelência, pois ela carrega em si os conceitos generalizados e elaborados pela cultura humana que permitem a comunicação entre os indivíduos, o estabelecimento de significados comuns aos diferentes membros de um grupo social, a percepção e interpretação dos objetos, eventos e situações do mundo circundante.

Ele chama a atenção também para o *importante papel mediador exercido por outras pessoas nos processos de formação dos conhecimentos, habilidades de raciocínio e procedimentos comportamentais de cada sujeito.* De acordo com este paradigma, o desenvolvimento individual é sempre mediado pelo outro (entendido como outras pessoas do grupo social), que indica, delimita e atribui significados à realidade. Vygotsky explica que é por intermédio dessas mediações que os membros imaturos da espécie humana vão paulatinamente se apropriando, de modo ativo, dos modos de funcionamento psicológico, do comportamento e da cultura, enfim, do patrimônio da história da humanidade e de seu grupo cultural.

Quando internalizados, estes processos passam a ocorrer sem a intermediação de outras pessoas. Desse modo, a atividade que antes precisou ser mediada — regulação interpsicológica — passa a constituir-se um processo voluntário e independente — regulação intrapsicológica (Vygotsky, 1984 e 1987). Em síntese, ao internalizar as experiências fornecidas pela cultura, a criança e o adolescente reconstroem individualmente os modos de ação realizados externamente e aprendem a organizar os próprios processos mentais, a controlar e dirigir seu comportamento (autogoverno) e a agir neste mundo. O indivíduo deixa, portanto, de se basear em mediadores externos e começa a se apoiar em recursos internalizados (idéias, valores, imagens, representações mentais, conceitos etc.). É importante ressaltar que o processo "(...) pelo qual o indivíduo internaliza a matéria-prima fornecida pela cultura não é pois, um processo de absorção passiva, mas de transformação, de síntese. Esse processo é, para Vygotsky, um dos principais mecanismos a serem compreendidos no estudo do ser humano." (Oliveira, 1993, p.38)

Conforme é possível notar, na perspectiva esboçada por Vygotsky, o aprendizado é um aspecto imprescindível no desenvolvimento das características psicológicas típicas do ser humano, já que as conquistas individuais: informações, valores, habilidades, atitudes, posturas (por exemplo, mais ou menos indisciplinadas), resultam de um processo compartilhado com pessoas e outros elementos de sua cultura.[11] Diferente-

---

11. Podemos encontrar o fundamento dessa posição naquilo que Vygotsky chamou de "zona de desenvolvimento proximal" que descreve o espaço entre as conquistas já adquiridas pela criança (aquilo que ele já sabe, que é capaz de realizar sozinha) e aquelas

mente dos animais, que já nascem com seu desenvolvimento e comportamento programado geneticamente (ou seja, suas características estão rigorosamente prefixadas em seu código genético), o comportamento e desenvolvimento dos membros da espécie humana dependerão não somente de suas disposições orgânicas, mas, principalmente, das inúmeras influências culturais, das aprendizagens e das experiências educativas. Justamente por isso as relações entre desenvolvimento e aprendizagem ocupam papel de destaque na sua obra. Ele emprega um termo específico da língua russa para designar estas relações: *obuchenie*, que deve ser interpretado num sentido mais amplo que a palavra aprendizagem tem na nossa língua, pois refere-se ao processo ensino-aprendizagem que abrange aquele que aprende, aquele que ensina e a relação entre os dois. Entretanto, esta noção "(...) não se refere necessariamente a situações em que haja um educador fisicamente presente. A presença do outro social pode se manifestar por meio dos objetos, da organização do ambiente, dos significados que impregnam os elementos do mundo cultural que rodeia o indivíduo. Dessa forma, a idéia de 'alguém que ensina' pode ser concretizada em objetos, eventos, situações, modos de organização do real e na própria linguagem, elemento fundamental nesse processo" (Oliveira, 1995, p.57).

Podemos concluir que, na perspectiva de Vygotsky, a educação (recebida na família, na escola, e na sociedade de um modo geral) cumpre um papel primordial na constituição dos sujeitos. Apesar de se referir à educação num sentido amplo, a leitura da obra de Vygotsky permite identificar, em várias passagens, a atenção especial que dedica à educação escolar. Segundo ele, a escola representa o elemento imprescindível para a realização plena dos sujeitos que vivem numa sociedade letrada, já que, neste contexto, as crianças são desafiadas a entender as bases dos sistemas de concepções científicas e a tomar consciência de seus próprios processos mentais. Essas atividades, extremamente importantes e complexas, possibilitam novas formas de pensamento, comportamento, inserção e atuação em seu meio.

A família, a escola e o aprendizado da disciplina

Os postulados de Vygotsky permitem que analisemos o fenômeno da (in)disciplina num quadro mais amplo e menos fragmentário do que o geralmente difundido nos meios educacionais, pois inspira uma visão abrangente, integrada e dialética dos diferentes fatores que atuam na formação do comportamento e desenvolvimento individual.

---

que, para se efetivarem, dependem da participação de elementos mais experientes da cultura (aquilo que a criança tem a competência de saber ou de desempenhar, mas precisa da colaboração de outros indivíduos de seu grupo cultural, especialmente os mais experientes).

Conforme exposto anteriormente, os traços de cada ser humano (comportamento, funções psíquicas, valores etc.) estão intimamente vinculados ao aprendizado, à apropriação (por intermédio das pessoas mais experientes, da linguagem e outros mediadores) do legado de seu grupo cultural (sistemas de representação, formas de pensar e agir etc.). Desse modo, é possível afirmar que um comportamento mais ou menos indisciplinado de um determinado indivíduo dependerá de suas experiências, de sua história educativa, que, por sua vez, sempre terá relações com as características do grupo social e da época histórica em que se insere.

Podemos concluir que, de um lado, relacionar a indisciplina observada na escola a fatores inerentes à "natureza" de cada aluno ou de sua faixa etária representa, neste paradigma, um grave equívoco. Ninguém "nasce rebelde ou disciplinado", já que estas características não são inatas, e nem "todo adolescente será necessariamente indisciplinado", já que é impossível postular um comportamento padrão e universal para cada estágio da vida humana. Por outro lado, diferentemente das idéias presentes no meio educacional, o comportamento indisciplinado não resulta de fatores isolados (como, por exemplo, exclusivamente da educação familiar, da influência da TV, da falta de autoridade do professor, da violência da sociedade atual etc.), mas da multiplicidade de influências que recaem sobre a criança e o adolescente ao longo de seu desenvolvimento. É importante frisar que, vistas sob este ângulo, as influências não são unidirecionais, não agem de forma isolada ou independente, nem tampouco são recebidas de modo passivo na medida em que o indivíduo internaliza (de modo ativo e singular) o repertório de seu grupo cultural. Sendo assim, no seu processo de constituição, através das inúmeras interações sociais, receberá informações e influências dos diferentes elementos (entendidos como importantes mediadores) que compõem este grupo: de determinadas pessoas (pais, mães, irmãos, primos, avós, vizinhos, colegas de escola, amigos da rua, professores e outros adultos), das instituições (como, por exemplo, da família e da escola), dos meios de comunicação (especialmente a TV) e dos instrumentos (livros, brinquedos e outros objetos) disponíveis em seu ambiente.

Finalmente, como pudemos observar, os postulados defendidos por Vygotsky ressaltam claramente o papel crucial que a educação tem sobre o comportamento e o desenvolvimento de funções psicológicas complexas, como agir de modo consciente, deliberado, de autogovernar-se (aspectos diretamente relacionados à disciplina). Em outras palavras, o comportamento (in)disciplinado é aprendido. Baseando-nos nestas premissas, podemos inferir, portanto, que *o problema da (in)disciplina não deve ser encarado como alheio à família nem tampouco à escola*, já que, na nossa sociedade, elas são as principais agências educativas. Por essa razão, gostaríamos de encerrar este artigo, fazendo algumas rápidas reflexões acerca do impacto das diferentes práticas educacionais (familiares e escolares) no processo de aprendizado da (in)disciplina.

A família, entendida como o primeiro contexto de socialização, exerce, indubitavelmente, grande influência sobre a criança e o adolescente. A atitude dos pais e suas práticas de criação e educação são aspectos que interferem no desenvolvimento individual e, conseqüentemente, influenciam o comportamento da criança na escola. Coerente com esta perspectiva, Moreno e Cubero (1995) identificam na literatura especializada três estilos de práticas educacionais paternas (principalmente no que se refere à forma de lidar com a disciplina), predominante na maior parte das famílias e suas influências sobre o comportamento da criança.

Chamam de "pais autoritários" aqueles que, além de serem pouco comunicativos e afetuosos, são bastante rígidos, controladores e restritivos quanto ao nível de exigência de seus filhos. As condutas são avaliadas a partir de rigorosos padrões preestabelecidos. Valorizam a obediência às normas e regras por eles definidas, e não se preocupam em explicar às crianças as razões destas imposições nem consultá-las acerca do assunto. Diante da transgressão de uma destas prescrições por parte da criança, fazem uso de severas ameaças, do castigo físico e de outras medidas disciplinares.

Em contrapartida, os "pais permissivos" valorizam o diálogo (as opiniões das crianças são freqüentemente solicitadas e quase sempre aceitas) e o afeto. São pais que têm enorme dificuldade em exercer algum tipo de controle sobre a criança. Conseqüentemente, são bastante tolerantes e até mesmo indulgentes em relação aos desejos, atitudes e impulsos infantis. Normalmente, diante de uma situação de conflito, teimosia ou "birra" não estabelecem limites e parâmetros. Além da marcante ausência de regras e normas capazes de nortear as ações cotidianas da criança, tais como: hora de comer, dormir, ver TV etc. (que acabam sendo definidas por elas mesmas), esses pais não costumam exigir responsabilidades de seus filhos.[12]

Os "pais democráticos", por sua vez, parecem conseguir um maior equilíbrio entre a necessidade de controlar e dirigir as ações infantis, de exigir seu amadurecimento e independência, e o respeito às necessidades, capacidades e sentimentos de seus filhos. São pais que apresentam níveis altos de comunicação e afetividade e que normalmente estimulam as crianças para que expressem suas opiniões sobre determinados aspec-

---

12. Podemos observar que, no nosso meio, principalmente nas camadas médias e altas, este modelo está cada vez mais em voga. Atualmente, muitos pais, receosos de reproduzir a educação severa que receberam de seus pais, tendem a abdicar de sua autoridade e papel educativo, optando, ainda que de modo pouco consciente, por um estilo de educação tão prejudicial quanto a autoritária.

tos que as afetam. Apesar de demonstrarem flexibilidade e esforço em compreender o ponto de vista de seus filhos, conseguem estabelecer regras e limites claros (cujos motivos são freqüentemente explicados) que são mantidos de forma consistente, conseguindo, assim, uma disciplina firme, adequada às condições e possibilidades das crianças.

Segundo as autoras, as conseqüências de cada um destes estilos no comportamento da criança são bastante significativas: as que recebem uma educação familiar autoritária tendem a manifestar, entre outros aspectos, obediência e organização, mas também maior timidez, apreensão, baixa autonomia e auto-estima. Como são privadas de entender as justificativas para as normas que lhe são impostas, tendem a orientar suas ações de modo a receberem gratificações ou evitarem castigos, demonstrando que os valores morais foram pobremente interiorizados. Os filhos de pais permissivos, apesar de mais alegres e dispostos que aqueles que recebem uma educação autoritária, devido às poucas exigências e controle de seus pais, tendem a apresentar um comportamento impulsivo e imaturo, assim como dificuldade em assumir responsabilidades. Já os que recebem uma educação democrática, além de apresentar significativo autocontrole, auto-estima, capacidade de iniciativa, autonomia e facilidade nos relacionamentos, tendem a demonstrar que os valores morais difundidos em sua família foram interiorizados: parecem ser capazes de assumir determinadas posturas por seus valores intrínsecos e não pelo temor às sanções externas.

É impossível negar, portanto, a importância e o impacto que a educação familiar tem (do ponto de vista cognitivo, afetivo e moral) sobre o indivíduo. Entretanto, seu poder não é absoluto e irrestrito. Uma coisa é aceitar que o que ocorre no ambiente familiar é importante, e outra, bastante diferente, é acreditar que é determinante e irreversível. Como vimos, de acordo com a perspectiva histórico-cultural, o psiquismo e o comportamento humano são bem mais plásticos do que geralmente se imagina. Os traços que caracterizarão a criança e o jovem ao longo de seu desenvolvimento não dependerão exclusivamente das experiências vivenciadas no interior da família, mas das inúmeras aprendizagens que o indivíduo realizará em diferentes contextos socializadores, como na escola. Sendo assim, uma relação entre professores e alunos baseada no controle excessivo, na ameaça e na punição, ou na tolerância permissiva e espontaneísta, também provocará reações e uma dinâmica bastante diferente daquela inspirada em princípios democráticos.

Podemos inferir que mesmo as crianças provenientes de "lares comprometidos", cujo ambiente familiar é desprovido de adequados estímulos e orientação, terão condições de superar estas adversidades caso tenham a oportunidade de vivenciar, em outros contextos educativos, um modelo diferente de educação. Neste sentido, a escola, entendida como um local que possibilita uma vivência social diferente do grupo familiar (já que proporciona o contato com o conhecimento sistematizado e com um universo amplo de interações, com pessoas, ambientes e materiais), tem um relevante papel, que não é, como já se pensou, o de compensar carências (culturais, afetivas, sociais etc.) do aluno e sim o de oferecer a oportunidade de ele ter acesso a informações e experiências novas e desafiadoras (que incidam na sua zona de desenvolvimento proximal), capazes de provocar transformações e de desencadear novos processos de desenvolvimento e comportamento.

Entendemos que as contribuições da psicogenética vygotskiana são bastante fecundas e inspiradoras para a reflexão pedagógica de um modo geral e especialmente para a análise da (in)disciplina. Ao valorizar o papel da escola e do educador na formação do aluno, os postulados de Vygotsky nos sugerem duas importantes implicações.

Por um lado nos leva a reconhecer que a escola não pode se eximir de sua tarefa educativa no que se refere à disciplina. Se uma das metas da escola é que os alunos aprendam as posturas consideradas corretas na nossa cultura (como por exemplo, apresentar atitudes de solidariedade, cooperação e respeito aos seus colegas e professores), a prática escolar cotidiana deve dar condições para que as crianças não somente conheçam estas expectativas, mas também construam e interiorizem estes valores, e, principalmente, desenvolvam mecanismos de controle reguladores de sua conduta (ações voluntariamente controladas, na linguagem de Vygotsky). Para que isto ocorra, a escola e os educadores precisam aprender adequar suas exigências às possibilidades e necessidades dos alunos (como, por exemplo, quanto a sua capacidade de concentração, possibilidades motoras, compreensão de determinadas matérias etc.). Os alunos, por sua vez, mais do que obedecer e se conformar com as regras estabelecidas, devido ao receio de punições e ameaças (nota baixa, advertência para os pais assinarem, suspensão das aulas etc.), precisam ter a oportunidade de conhecer (e até discutir) as intenções que as originaram assim como as conseqüências caso sejam infringidas (vimos a importância da linguagem na constituição psicológica). Nesse sentido, o papel mediador do professor é de fundamental importância. Uma prática baseada nestes princípios terá, com certeza, um efeito extremamente educativo: nas situações que necessitar, as crianças e adolescentes saberão avaliar e tomar decisões por si só. É necessário também que os educadores, além de refletirem constantemente sobre as regras presentes na escola (São coerentes? São justas? São necessárias? Podem ser negociadas ou flexibilizadas?), busquem uma coerência entre sua conduta e aquela que se espera dos alunos. Afinal, é também através da imitação dos modelos externos que a criança aprende (Vygotsky, 1984).

Por outro lado, as idéias de Vygotsky nos sugerem que, caso a indisciplina esteja instaurada em determinada prática, suas causas, assim como as possíveis soluções para este fenômeno, devam ser buscadas também nos fatores intra-escolares (que incluem mas extrapolam o espaço da sala de aula, já que envolvem a escola como um todo). Em outras palavras, mais do que esperar a transformação das famílias ou de lamentar os traços comportamentais que cada aluno apresenta ao ingressar na escola, é necessário que os educadores concebam estes antecedentes como ponto de partida e, principalmente, *façam uma análise aprofundada e conseqüente dos fatores responsáveis pela ocorrência da indisciplina na sala de aula.*

Estudo recente (Galvão, 1992) demonstra como as "dinâmicas turbulentas" presentes em muitas salas de aula (como, por exemplo, elevada incidência de conflitos, tensão, agitação e impulsividade motora, dispersão, descontrole emocional, falta de interesse etc.) retratam, entre outros aspectos, os equívocos da escola em face das necessidades, interesses e possibilidades do aluno. Segundo esta pesquisa, o comportamento indisciplinado está diretamente relacionado a uma série de aspectos associados à ineficiência da prática pedagógica desenvolvida, tais como: propostas curriculares problemáticas e metodologias que subestimam a capacidade do aluno (assuntos pouco interessantes ou fáceis demais), cobrança excessiva da postura sentada, inadequação da organização do espaço da sala de aula e do tempo para a realização das atividades, excessiva centralização na figura do professor (visto como único detentor do saber) e, conseqüentemente, pouco incentivo à autonomia e às interações entre os alunos, constante uso de sanções e ameaças visando ao silêncio da classe, pouco diálogo etc.

Talvez, neste processo de avaliação interna, é provável que a escola e os educadores descubram que os motivos geralmente alegados pelos chamados "alunos indisciplinados" são bastante procedentes!

Bibliografia

ARROYO, M.G. (1995) Educação e exclusão da cidadania. In: BUFFA, E.; ARROYO, M.A.; NOSELLA, P. *Educação e cidadania:* quem educa o cidadão? 5ª ed., São Paulo: Cortez, pp.31-79. (Col. Questões da Nossa Época, v.19.)

COLE, M.; SCRIBNER, S. (1984) Introdução. In: VYGOTSKY, L.S. *A formação social da mente.* São Paulo: Martins Fontes.

DAVIS, C.; LUNA, S. (1991) A questão da autoridade na educação. *Cadernos de Pesquisa.* São Paulo, n.76, fevereiro, pp.65-70.

FERREIRA, Aurélio B.H. (1986) *Novo dicionário da língua portuguesa.* Rio de Janeiro: Nova Fronteira.

LA TAILLE, Y. (1994) Autoridade e limite. *Jornal da Escola da Vila.* São Paulo: n.2.

LEONTIEV, A. (1978) *O desenvolvimento do psiquismo*. Lisboa: Horizonte Universitário.

MORENO, M.C.; CUBERO, R. (1995) Relações Sociais nos anos pré-escolares: família, escola, colegas. In: COLL, C.; PALÁCIOS, J.; MARCHESI, A. (orgs.). *Desenvolvimento Psicológico e Educação* — Psicologia Evolutiva, Vol. 1. Porto Alegre: Artes Médicas, pp.190-202.

MOYSÉS, M.A.A.; COLLARES, C.A.L. (1993) Sobre alguns preconceitos no cotidiano escolar. *Idéias*, FDE, São Paulo, n.19, pp.9-25.

OLIVEIRA, M.K. (1995) Pensar a Educação: Contribuições de Vygotsky. In: CASTORINA, J.A. et al. *Piaget — Vygotsky*. Novas contribuições para o debate. São Paulo: Ática, pp.53-83.

_____ (1993) *Vygotsky. Aprendizado e desenvolvimento*: um processo sócio-histórico. São Paulo: Scipione.

PATTO, M.H.S. (1993) *A produção do fracasso escolar*. São Paulo: T.A. Queiroz.

GALVÃO, M.I.G. (1992) *O espaço do movimento*: investigação no cotidiano de uma pré-escola à luz da teoria de Henri Wallon. São Paulo: Universidade de São Paulo, Faculdade de Educação (Dissertação de Mestrado).

QUIJANO, A. (1986) Las ideas son carceles de larga duración, pero no es indispensable que permanezcamos todo el tiempo en esos carceles. *David y Goliath*, Revista do Conselho Latinoamericano de Ciências Sociais, n.16, v.49, pp.40-49, julho.

REGO, T.C.R. (1995a) *Vygotsky*: uma perspectiva histórico-cultural da educação. 2ª ed., Petrópolis: Vozes.

_____ (1995b) A origem da singularidade humana na visão dos educadores. In: OLIVEIRA, M.K. (org.) Implicações pedagógicas do modelo histórico cultural. *Cadernos CEDES*. Campinas: Papirus, n.35, pp.70-93.

VYGOTSKY, L. S. (1987) *Pensamento e linguagem*. São Paulo: Martins Fontes.

_____ (1984) *A formação social da mente*. São Paulo: Martins Fontes.

VALSINER, J. (1993) Prefácio. In: OLIVEIRA, M.K. *Vygotsky. Aprendizado e desenvolvimento*: um processo sócio-histórico. São Paulo: Scipione, pp.6-8.

WALLON, H. (1975) Disciplina e perturbações do caráter. In: *Psicologia e educação na infância*. Lisboa: Editorial Estampa.

Moralidade e indisciplina:
uma leitura possível a partir do referencial piagetiano

Ulisses Ferreira de Araújo*

O referencial que será utilizado neste texto é o da Psicologia e Epistemologia Genética de Jean Piaget e sua obra clássica *O juízo moral na criança*, um dos estudos pioneiros na área da psicologia moral, publicado originalmente em 1932. Nele, que a partir deste momento denominarei apenas pelas iniciais JM, Piaget elabora uma teoria sobre o desenvolvimento do juízo moral infantil que se tornou referência, no mundo inteiro, para a maioria dos estudos sobre este tema. Apesar de não estar presente diretamente no livro, um dos assuntos possíveis de se abordar a partir desse trabalho é o da indisciplina em sala de aula e suas relações com a moralidade infantil.

Iniciarei a discussão com uma frase do início do JM, quando Piaget afirma que "toda moral consiste num sistema de regras, e a essência de toda moralidade deve ser procurada no respeito que o indivíduo adquire por essas regras" (p.23). Desta frase retirarei dois temas básicos que nortearão este texto: a vinculação entre regra e moral, e, do ponto de vista prático, a importância que o respeito às regras (e não a obediência) exerce no desenvolvimento da moralidade. Finalmente, apresentarei uma perspectiva prática para a ação do educador diante do problema da indisciplina em sala de aula.

A preocupação central de Piaget no JM era a de elucidar "como" a consciência chega a respeitar as regras. Para isso, no primeiro capítulo ele dedica atenção aos estudos sobre "como" a criança desenvolve o conhecimento e a prática das regras em situações de jogos. Em suas investigações constatou, então, um caminho psicogenético (ou uma vecção) no desenvolvimento infantil dessas noções, que ele vincula ao desenvolvimento do juízo moral. Esse caminho na relação da criança com as regras inicia-se com a fase da *anomia*, passando pela *heteronomia*, em direção à *autonomia*.

---

* Pedagogo, mestre em Educação pela UNICAMP e doutorando em Psicologia pela USP. Professor da Faculdade de Educação da UNICAMP, e co-autor de *Cinco estudos de educação moral* (Casa do Psicólogo, 1996).

Mas o que significam estes termos (anomia, heteronomia e autonomia) usados indiscriminadamente em nossas escolas? E como se dá esse desenvolvimento? Para responder a essas questões torna-se necessário, primeiro, entender o significado etimológico dessas palavras, para então compreender seu sentido dentro dos textos relacionados à moral e ao seu desenvolvimento.

O sufixo *nomia*, comum aos três termos, vem do grego *nomos*, e significa regras. Assim, quando se fala de *a-nomia*, pela presença do prefixo *a*, refere-se a um estado de ausência de regras, característico, por exemplo, do recém-nascido, que não concebe as regras da sociedade e não sabe o que deve ou não ser feito. O prefixo *hetero* significa vários, e isso leva à compreensão da *hetero-nomia* como um estado em que a criança já percebe a existência das regras, mas sua fonte (de onde emana) é variada; ela sabe que existem coisas que devem ou não ser feitas, e quem as determina são os outros. Finalmente tem-se a *auto-nomia*, e significa que o sujeito sabe que existem regras para se viver em sociedade, mas a fonte dessas regras está nele próprio, como sugere o prefixo *auto*.

Uma das idéias mais difundidas no meio escolar coloca a autonomia como um dos objetivos máximos da educação, mas parece surgir uma grande confusão quando alguns fazem uma leitura dessa palavra apenas dentro de seu sentido etimológico, ou seja, que as regras estão dentro do próprio sujeito, e interpretam com isso que o sujeito autônomo é quem faz o que acha certo, de acordo com suas próprias idéias. Parecem esquecer-se do sufixo *nomia*, indicando a presença de regras que, para serem estabelecidas, necessitam de um acordo entre as partes envolvidas; necessitam, portanto, que o sujeito leve o outro em consideração.

Assim, além dessa leitura etimológica, torna-se necessária uma compreensão do sentido do termo nas teorias sobre moralidade. Senão, corre-se o risco de entender, como observado em várias escolas ditas progressistas, que a busca do desenvolvimento da autonomia de seus alunos deve ser feita deixando-os "livres" para decidir as regras de acordo com suas idéias, como se não vivessem em sociedade. Parece-me que esta concepção de autonomia, na verdade, está muito mais próxima daquela de anomia, de ausência de regras — período em que o sujeito quer fazer somente o que deseja, sem levar os outros, ou a sociedade, em consideração.

Para entender o sentido real da moral da autonomia, e também da heteronomia, deve-se recorrer à obra de Kant, filósofo iluminista em que Piaget se baseou para utilizar estes termos. Embora não seja objetivo deste trabalho realizar incursões mais aprofundadas na área da Filosofia, tentarei dar uma noção das idéias de Kant sobre moral, consciente das limitações e reduções que terei que fazer para sintetizar a complexidade de suas idéias.

Em *Fundamentação da metafísica dos costumes* (1785/1974), Kant sistematizou sua doutrina ética, estabelecendo uma teoria moral que tinha a razão como fonte das ações verdadeiramente morais. Para ele, o homem tem necessidade de agir segundo certas regras, que são os imperativos, e estes podem ser de dois tipos: *categórico e hipotético*.

O imperativo *categórico* emana da razão pura e é o único que, para Kant, tem valor moral. Para entendê-lo, é preciso compreender que ele não é determinado pelas experiências anteriores, mas por categorias *a priori* do pensamento, portanto, não empíricas, como a faculdade de conhecer e a de querer. Estes imperativos baseiam-se em princípios de universalidade e representam uma ação como objetivamente necessária por si mesma, sem relação com qualquer outra, a partir de leis gerais do comportamento. De acordo com Kant, essas ações acabam por impor-se racionalmente ao homem, criando-se, assim, as condições para a vida em uma sociedade justa, em que prevaleça o respeito à dignidade de cada homem e da humanidade como um todo.

Para exemplificar esse imperativo, Kant utiliza a seguinte afirmação: "Age de tal maneira que uses a humanidade, tanto na tua pessoa como na pessoa de qualquer outro, sempre e simultaneamente, como fim e nunca simplesmente como meio." (1785/1974, p.229)

Portanto, a lei moral para Kant, a partir dos imperativos categóricos, tem que ser universal e não pode surgir da experiência. Para saber se uma ação é moralmente boa, ela tem que se transformar numa máxima universal, sendo válida para toda a humanidade.

O outro imperativo é o *hipotético*, e representa a necessidade prática de uma ação como meio para se atingir um outro fim. Para Kant, essa ação não tem valor moral, porque formula somente regras de ação para lidar com as coisas ou com o bem-estar. Suas leis surgem da experiência e são, portanto, vinculadas a determinadas situações particulares, como são as regras sociais.

A moral das ações não está no ato de o homem seguir as regras determinadas socialmente, mas no princípio subjacente a essas ações. A título de exemplificação, não basta um aluno deixar de furtar objetos pessoais dos colegas para que sua ação seja moral, porque se o princípio em que sua razão se baseou foi o das regras sociais, ou o medo da punição, este imperativo é o *hipotético*, já que a ação poderá ser outra se a regra social for diferente ou se a ameaça da punição não estiver presente.

Para que a ação seja moral, ela tem que estar racionalmente de acordo com um princípio que o sujeito acredite ser universal. Neste exemplo, ele não furtaria o objeto por causa de determinações externas a ele, mas porque compreende racionalmente que furtar objetos dos colegas não pode ser considerado como uma categoria universal, já que a ação não tem um fim em si mesma e é meio para se atingir algo em benefício próprio.

Esse tipo de ação do imperativo hipotético, que ocorre por pressão externa (do outro ou da sociedade) e que nos leva a agir por interesses próprios, desejos ou inclinações pessoais, é chamado por Kant de *heteronomia*. Em oposição, existe a *autonomia* que, para Kant, está na capacidade da vontade do homem em escolher uma ação que seja conforme o dever, ou agir segundo a representação de uma lei dada somente pela razão, submetida a uma legislação universal que não lhe seja externa. Por isso, a autonomia está ligada à liberdade de escolher racionalmente entre o certo e o errado, e é essa capacidade que permite ao sujeito agir com base nos imperativos categóricos.

Voltando ao campo da psicologia, Piaget confirma essa oposição entre heteronomia e autonomia, mas a entende dentro de um processo psicogenético de evolução, ou de vecção, da primeira em direção à segunda. Todavia, não concorda com Kant quanto ao fato de que a conquista dessa autonomia moral se dê apenas racionalmente, a partir de conhecimentos estabelecidos *a priori*. A noção de justiça e o respeito às regras, por exemplo, têm que ser construídos pelo indivíduo por meio da experiência, de suas interações com o mundo.

Tentando clarear esses conceitos, numa perspectiva psicológica, o sujeito que age autonomamente é aquele em que a fonte das regras está em si próprio, em sua capacidade racional de discernir entre o certo e o errado. O que o diferencia do sujeito da anomia, que também age de acordo com o que considera ser certo, é que enquanto a ação do segundo tem por princípio seus interesses pessoais, desconsiderando as regras sociais, o primeiro age racionalmente levando sempre os outros e seus direitos em consideração, baseando suas ações em princípios de universalidade e de justiça.

Entre essas duas concepções fica o sujeito da heteronomia, que age de acordo com os outros. A fonte das regras é externa a ele, e quem sabe o que é certo ou errado, por exemplo, são os pais, os professores, Deus etc.

Mas como entender, no campo do desenvolvimento humano, a relação entre essas formas diferentes de moralidade? Acredito estar nessa discussão o avanço da teoria de Piaget, só possível a partir dos pressupostos da Epistemologia Genética. Ao explicitar o desenvolvimento do juízo moral infantil como um processo psicogenético, uma vecção em direção à autonomia racional como forma ideal de moralidade, ele também mostra que é impossível chegar até esse nível sem passar por estados de heteronomia. Ou seja, para construir a capacidade autônoma de juízo moral, o sujeito que nasce na anomia precisa construir antes, necessariamente, a heteronomia, quando então descobrirá a importância dos outros e das regras sociais. Mas como se dá esse processo?

Utilizando o exemplo da criança recém-nascida, ela encontra-se na anomia, num estado de egocentrismo radical em que não se diferencia do mundo, sem perceber a existência dos outros, sem saber que existem regras de convivência social — coisas que devem ou não ser feitas. A partir de sua interação com o mundo, basicamente com a família, e com a descentração cognitiva que advém dessa interação, pode começar a perceber a si e aos outros, bem como a existência de regras e normas que regulem as relações interindividuais. Assim ocorre a passagem dos estados de anomia para os de heteronomia. Normalmente isso se dá pela coação exercida do mais velho sobre o mais novo, obrigando-o, por meio da ameaça de punição tanto física quanto psicológica, a agir de acordo com as regras por ele estabelecidas. Nesses casos, as normas e deveres que a criança aceita (como não mentir e não roubar), muitas vezes a contragosto, não provêm de sua consciência, mas de ordens devidas aos adultos.

A criança começa a compreender a existência de regras sociais, mas acredita que quem sabe o que é certo ou errado são os mais velhos, e não ela própria. Por exemplo, ela deixa de enfiar o dedo na tomada, de pegar objetos de vidro, não porque tenha consciência do perigo que isso representa, mas devido à regra que lhe é comunicada e da ameaça de punição caso desobedeça a fonte da regra.

Essa forma tradicional de construção dos estados de heteronomia, que não é a única possível, se dá pela constituição de um tipo de relação interindividual que tem como base o *respeito unilateral*. Esse sentimento de respeito na primeira infância é caracterizado por uma relação de sentido único, da criança para o adulto. Ele é quem rege as relações do sujeito ainda egocêntrico que, apesar de não compreender a necessidade das regras para o convívio social, acata as normas dependendo da fonte de onde emanam. Seu egocentrismo inconsciente não lhe permite compreender as leis do mundo exterior como fazendo parte de um universo de relações independentes. Assim, suas ações ainda giram em torno de seus próprios interesses e não em torno de um sistema de relações recíprocas e interpessoais.

Para Piaget, essa pressão externa, por meio da coação e das relações de respeito unilateral, não levam o sujeito a ser consciente de suas ações, e aí estão as fontes da moral da heteronomia — um dos dois tipos de moral por ele identificados.

Durante o desenvolvimento humano, o egocentrismo infantil gradualmente cede lugar a um processo mais amplo de socialização, colocando a criança em contato com um mundo cada vez mais complexo e rico na convivência constante com sujeitos da mesma idade. Esse novo momento, que é também de grandes transformações no campo cognitivo, abre espaço para que ocorra o processo de *cooperação*, quando a criança irá se confrontar com o ponto de vista de outros sujeitos com os quais não mantém relações que ensejam o respeito unilateral.

É a partir desse processo de cooperação que o respeito unilateral pode ceder espaço para o surgimento de um outro tipo de relação, que é o *respeito mútuo*, quando gradualmente as relações da criança podem deixar de se basear somente na obediência para se basear também na reciprocidade. Essa relação de respeito mútuo poderá, então, substituir a imposição pela cooperação, e a legalidade poderá suplantar a autoridade. Assim, do ponto de vista moral, a cooperação pode conduzir a uma *ética de solidariedade e de reciprocidade* nas relações, que irá resultar no surgimento de uma autonomia progressiva da consciência, tendendo a prevalecer sobre a heteronomia característica do sujeito egocêntrico.

A autonomia, portanto, pode ser compreendida como resultante do processo de socialização que leva o indivíduo a sair do seu egocentrismo, característico dos estados de heteronomia, para cooperar com os outros e submeter-se (ou não) conscientemente às regras sociais, e isso será possível a partir do tipo das relações estabelecidas pelo sujeito com os outros. As relações de cooperação, de reciprocidade e respeito mútuo são, para Piaget, as fontes do segundo tipo de moral: a autonomia.

Em toda a discussão anterior, tentei deixar patente que essa passagem dos estados de heteronomia aos de autonomia existe como possibilidade, e não necessariamente como realidade; e aí se encontra um dos problemas na leitura da obra piagetiana sobre moral. A autonomia ideal existe como uma possibilidade do ser humano atingi-la e, do ponto de vista prático, pouquíssimas pessoas parecem conseguir construí-la. Está claro que ele não afirma que todas as pessoas desenvolverão a autonomia em determinada idade e, como processo construtivo, o sujeito poderá construir diferentes estados de autonomia que o situarão em níveis diferenciados de juízo moral.

A questão central aqui presente, e que parece dominar os trabalhos recentes em psicologia moral, é a da relação entre juízo e ação moral. O fato de o sujeito ter a capacidade das operações formais e, portanto, de pensar abstratamente sobre conteúdos e coordená-los de formas cada vez mais complexas, não garante que suas ações estarão moralmente de acordo com esse desenvolvimento. Aliás, poderá utilizar essa capacidade para engendrar golpes financeiros e políticos contra a sociedade, ou para subjugar seus familiares, por exemplo, para benefício próprio. Se aplicadas provas de juízo moral nessas pessoas, poderão apresentar níveis elevados de autonomia, dissociados da realidade concreta de sua prática.

Piaget discute essa relação entre ação e juízo no último capítulo do JM, estabelecendo um diálogo com as obras de alguns autores que tinham se dedicado ao tema, como Durkheim e Bovet. O ponto conflitante dessa discussão está na fonte única que esses dois autores estabelecem para a ação moral: papel esse exercido pela autoridade nas relações interpessoais (Bovet), ou com a sociedade (Durkheim). O que move Piaget no caminho de suas pesquisas é tentar compreender, afinal, quais as condições que obrigam a consciência do sujeito a agir moralmente, portanto de forma autônoma, uma vez que, para ele, ao fortalecer o papel da autoridade como fonte da ação, a moral que será alcançada é a da heteronomia.

Tanto Piaget quanto Durkheim e Bovet consideram o sentimento do *bem* e a consciência do *dever* como aspectos essenciais para se compreender a ação moral, mas divergem na explicação de como se chega à obrigação da consciência em agir de acordo com o sentimento do bem, uma vez que o dever não está necessariamente de acordo com o bem, podendo inclusive existirem deveres imorais. Mas para Piaget, quando Durkheim e Bovet fortalecem o papel da autoridade como única fonte para a constituição da moral, acabam por submeter o bem ao dever. Se a criança não ultrapassar a moral do dever puro, onde todo dever emana de alguém superior a ela, não desenvolverá uma moral autônoma. Ela necessita desenvolver um ideal interno, que a obrigue a agir autonomamente de acordo com o bem.

O que diferencia a obra de Bovet é o fato de ele introduzir um elemento central na discussão (o *respeito*) quando afirma que a obrigação da consciência tem duas condições: que o indivíduo receba ordens, e que respeite a fonte das ordens, porque, se não houver respeito, a ordem não será aceita. Ele entende o respeito como sendo fruto da coordenação entre dois sentimentos: o afeto e o medo. Da coordenação dialética entre esses dois sentimentos nas relações interindividuais é que surgirá, por exemplo, a obediência da criança aos pais e aos mais velhos. De acordo com Bovet, para que o respeito à regra se torne uma obrigação, esses dois sentimentos devem estar presentes. Para Piaget, entretanto, o sentimento de respeito baseado no afeto e no medo explica apenas o respeito unilateral, e não o respeito mútuo, que tem como base um sistema de equilíbrio funcional diferente.

Aqui, portanto, encontram-se as duas fontes da moral para Piaget: a *coação* (de mãos dadas com o respeito unilateral, dando origem ao dever e à moral de heteronomia) e a *cooperação* (com seu ideal lógico de reciprocidade, possível com a presença do sentimento de respeito mútuo, dando origem à moral do bem e da autonomia).

De qualquer forma, a introdução do sentimento de respeito mútuo nessa discussão é o que abre a possibilidade de se compreender psicogeneticamente como a moral do dever puro, ou da obrigação, obtida com base no respeito unilateral, pode vir a se constituir em uma moral do bem, que obrigue a consciência a agir autonomamente e não em função da autoridade. As relações com base no respeito mútuo é que permitirão ao sujeito construir estados de heteronomia mais elaborados, que o possibilitarão se encaminhar em direção à construção da autonomia.

Em resumo, a integração entre ação e juízo moral será possível, para Piaget, quando o sujeito se sentir obrigado racionalmente, por uma necessidade interna, a agir moralmente, de acordo com princípios universais de justiça e igualdade. Esse nível de desenvolvimento ideal de autonomia moral dificilmente poderá ser alcançado por sujeitos que vivam constantemente em ambientes de coação e respeito unilateral, uma vez que esse tipo de relação é irredutível à moral do bem. Somente poderão construí-la lentamente (como possibilidade) os indivíduos que tenham oportunidade de estabelecer relações interindividuais com base na cooperação, na reciprocidade e no respeito mútuo.

Uma perspectiva prática para o educador

Toda essa discussão teórica é fundamental para o estabelecimento das relações necessárias entre moralidade e indisciplina, tema central deste texto, porque quando se evoca a indisciplina na escola, focaliza-se o desrespeito às regras estabelecidas. Apesar de a moralidade estar relacionada às regras, nem todas as regras têm vínculos com a moralidade. Em primeiro lugar, deve-se observar o princípio subjacente à regra, porque se este não for de justiça, a regra será imoral e, portanto, a indisciplina poderá ser sinal de autonomia. Outro aspecto relevante a ser observado é a forma com que foi estabelecida: se imposta coercivamente, ou estabelecida com base em princípios democráticos. Se imposta autoritariamente, o sujeito pode não se sentir obrigado a cumpri-la, e a indisciplina pode ser um protesto em relação à autoridade.

Assim, o fato concreto de o sujeito não cumprir as regras dentro da escola precisa ser analisado com cuidado, observando a natureza e a forma com que aquelas foram estabelecidas. Ou seja, o aluno considerado indisciplinado não necessariamente é imoral. Pelo contrário, imoral pode ser o professor, supervisor ou diretor, que impõe regras em benefício próprio, e espera que os outros somente obedeçam!

Existe uma dicotomia estrutural instalada em muitas instituições escolares em relação ao enfrentamento do problema da indisciplina, passando por posturas autoritárias, de "linha dura", e posturas permissivas que acabam por ser dominadas pelos interesses específicos dos alunos, que não necessariamente se coadunam com os objetivos escolares.

Tradicionalmente, o método que vem sendo utilizado através dos tempos para se lidar com a indisciplina é o da repressão, por meio de instrumentos de coação colocados pela sociedade à disposição dos profissionais da educação. Esses métodos só funcionam com os sujeitos que temem a autoridade. Aqueles que não respeitam a autoridade, porque o sentimento de medo ou de afeto não estão presentes em suas relações, ignoram as ordens e regras impostas e, pelo contrário, quanto mais o professor se irrita e grita, por exemplo, mais podem se satisfazer internamente. Parece claro que essa forma de lidar com a indisciplina ao mesmo tempo em que reforça os estados de heteronomia (por não conseguir obrigar a consciência dos sujeitos a agir autonomamente), não traz os resultados esperados.

O outro lado da dicotomia, ou seja, a outra forma adotada por muitas instituições que querem romper com essa postura autoritária, é o da "liberdade", geralmente confundida com permissividade. Essas escolas, ou professores, que atuam dessa maneira também costumam ter problemas com a indisciplina. Ao deixarem os alunos "livres" para decidir tudo e fazer só o que acreditam ser correto, reforçam estados de anomia, em que os sujeitos não são solicitados a levar os colegas, as normas, leis e regras da sociedade em consideração. Isso não leva à autonomia da consciência!

Acredito que se deve buscar uma perspectiva que rompa essa dicotomia. De acordo com o referencial teórico apresentado, isso só será possível com a democratização das escolas, a partir de relações de respeito mútuo e reciprocidade que modifiquem a visão sobre o papel que as regras devem exercer nas instituições.

Numa perspectiva prática que aponte caminhos possíveis para a atuação de educadores interessados em tratar a questão da indisciplina de uma forma não tradicional, relatarei uma experiência que presenciei durante a coleta de dados de minha dissertação de Mestrado (Araújo, 1993).

Na classe observada, da professora R., existia o que denominei de "ambiente escolar cooperativo", ou seja, um ambiente onde encontravam-se as condições que engendravam a cooperação: o respeito mútuo, as atividades grupais que favoreciam a reciprocidade, a ausência de sanções expiatórias e de recompensas, e onde os alunos tinham a possibilidade de fazer escolhas, tomar decisões e expressar-se livremente. Tal ambiente, considerado utópico por muitos professores e profissionais da educação, foi possível ser construído devido ao tipo de relação estabelecida entre a professora e os alunos.

Do ponto de vista pedagógico, a professora em questão seguia a metodologia do PROEPRE — Programa de Educação Pré-escolar, criado pela Profª Orly Zucatto Mantovani de Assis (1989). Tendo como base os pressupostos da teoria de Piaget, este programa contém, dentre seus princípios, o estabelecimento de tal "ambiente escolar cooperativo".

Mas, acredito que a existência do método por si só não "obriga a consciência" do professor a agir de acordo com seus pressupostos. É necessário que ele acredite nesses princípios e tenha a "vontade" autônoma de trabalhar de acordo com eles. Esse era o caso da professora R., o que ficava evidente na forma com que se relacionava com os alunos desde o primeiro dia de aula.

Esse tipo de postura podia ser observado tanto nas relações interpessoais, em que a professora nunca alterava seu tom de voz com os alunos (portanto, sem gritos), quanto na forma sempre solícita e calma com que se dirigia a eles. Essa postura precisa ser melhor explicitada porque ela não implicava uma atuação apática por parte da professora, assim como muitas pessoas tendem a enxergar a atuação do professor não autoritário, o "professor bonzinho".

Essa visão dicotômica do "professor duro" *versus* o "professor bonzinho" certamente não traduz toda a realidade sobre os tipos possíveis de relação professor-aluno. É possível ele ter um papel ativo, enérgico muitas vezes, sem ser autoritário, desde que os alunos sintam que são respeitados, que existe coerência em suas ações, que ele não busca privilégios para si ou para alguns alunos em detrimento de outros, e que pauta suas cobranças em princípios de reciprocidade. Esse tipo de postura, que não é fácil de ser obtida na realidade concreta das salas de aula, é possível, mas não pode ser alcançado em pouco tempo. Precisa ser construído no dia-a-dia pelos membros do grupo e, no caso específico da classe da professora R., isso a ajudava a desmobilizar tentativas, por parte de alguns alunos, de agir agressivamente ou desrespeitar as regras dentro da sala de aula.

Por outro lado, é evidente que o professor também necessita ter instrumentos metodológicos para poder exercer esse papel ativo, para cobrar coerência e reciprocidade na ação de seus alunos — o que é possível dependendo da forma com que trabalha as regras em sala de aula. Para que isto aconteça, é necessário, em primeiro lugar, que as regras sejam verdadeiramente estabelecidas pelo grupo, compreendendo que o professor é parte integrante e não externa a este, e tem a autoridade inerente que lhe é atribuída por seu papel. Mas, em segundo lugar, é necessário que esse mesmo professor não extrapole suas funções de membro coordenador e mediador do grupo, e não tente ser o "dono" da sala e das regras, aquele que tudo determina, tudo cobra, que diz quem está certo e quem está errado, que aplica sanções e dá recompensas. Essa postura é incoerente com os ideais democráticos de respeito mútuo e reciprocidade. Entender esse papel de forma dialética, sabendo utilizar democraticamente a autoridade inerente à sua função, é o que pode levar a uma transformação das relações dentro da escola e fazer com que os alunos sintam a importância do respeito e não a mera obediência às regras.

Na sala investigada, evidenciava-se essa postura na forma com que as regras e seus descumprimentos eram trabalhados pela professora. Quando alguém as descumpria (e é claro que as descumpriam, porque ninguém, em sã consciência, pode esperar que numa sala todas as crianças cumpram todas as regras!), ficava claro que a ação não era contra a figura de autoridade da professora, mas contra o grupo que as havia estabelecido, ou seja, os próprios colegas. Isto era reforçado pela professora que, quando questionava esse descumprimento, não o fazia em nome pessoal, mas em nome do grupo.

Alguns fatores contribuíam para que essa professora pudesse se descentrar do papel que lhe é socialmente atribuído de "dona da sala", e transferir o poder ao grupo. Primeiro, pela autonomia de trabalho que tinha, por não ter superiores hierárquicos fiscalizando a toda hora sua sala e a forma com que trabalhava. Segundo e principalmente, essa posição era possível porque nessa sala, todos os dias no final da aula, existiam dois momentos de auto-avaliação: um feito individualmente, por escrito; e outro do grupo, em que o respeito às regras era avaliado oralmente. Esses momentos de auto-avaliação não tinham o objetivo de punição ou recompensa, e sim o intuito de clarificar a importância do respeito às regras para organizar as relações sociais e o funcionamento das atividades. Com isso, diariamente o descumprimento das regras e suas conseqüências podiam se tornar observáveis tanto pelo indivíduo quanto pelo grupo.

É necessário ressaltar que nessa prática existia uma concepção clara da função normatizadora das regras para as relações sociais e que, como tal, as mesmas podiam ser questionadas e modificadas. Como os alunos podiam expressar-se livremente, tinham a oportunidade naquele momento de posicionar-se quando suas ações eram questionadas.

É importante salientar também que esse "ambiente escolar cooperativo" não era livre de atritos e brigas constantes entre as crianças, até porque acredito que esse nunca deveria ser o objetivo de uma escola, como sonham muitos educadores. Essa era uma sala "normal", cheia de conflitos, com crianças que não repartiam materiais, outras mais agressivas que batiam constantemente nos colegas, e algumas consideradas indisciplinadas porque não respeitavam as regras do grupo. O que a diferenciava era a forma com que esses "problemas" eram enfrentados pelo grupo e pela professora, que não esperava uma sala de crianças silenciosas, nem que aspectos inerentes à personalidade de uma determinada criança fossem transformados magicamente, a partir de uma ordem adulta ou dos colegas, por exemplo.

Fico imaginando a ingenuidade de um adulto que acredita que o "Joãozinho" e a "Mariazinha" vão deixar de bater nos colegas e de fazer bagunça na sala de aula simplesmente porque a professora mandou ou porque ameaçou mandá-los para a diretoria! Quem trabalha com educação sabe que isso só funciona com a criança que tem medo do adulto, e que esse tipo de postura por parte do professor em nada ajuda o aluno; ao contrário, ajuda a resolver o problema dele, professor, naquele momento!

Nessa sala foram observadas transformações no relacionamento entre as crianças durante o ano e, mais especificamente, em duas delas que inicialmente batiam diariamente nos colegas. No final do ano, continuavam com uma agressividade que as diferenciava do restante da turma, mas nitidamente empenhavam-se em respeitar mais os colegas e as regras, e raramente os agrediam. O que se observou foi um esforço interno profundo por parte dessas crianças em respeitar o grupo. Acredito que a forma com que a professora lidava com a situação, a reflexão constante sobre suas ações solicitada nos momentos de auto-avaliação, e a forma com que era trabalhado o respeito às regras e ao grupo, os ajudaram na busca de uma transformação interna, construída lentamente, e não de forma momentânea e mágica.

Considerações finais

Se um dos objetivos da educação é o de auxiliar o sujeito a construir uma autonomia do pensamento que "obrigue sua consciência" a respeitar as regras do grupo depois de raciocinar com base em princípios de reciprocidade se aquela regra é justa ou não, isto deverá ser alcançado por meio de relações que não envolvam a coação e o respeito unilateral; caso contrário, poderá se obter um comportamento desejado pelo adulto, mas ao preço de reforçar a heteronomia e não um juízo autônomo.

Portanto, somente uma transformação no tipo das relações estabelecidas dentro das escolas, famílias e da sociedade poderá fazer com que o problema da indisciplina seja encarado sob uma perspectiva diferente. Nesse sentido, deve-se objetivar que os princípios subjacentes às regras a serem cumpridas pelo sujeito tenham como pressuposto os ideais democráticos de justiça e igualdade, bem como a construção de relações que auxiliem esse sujeito a "obrigar sua consciência" a agir com base no respeito a esses princípios, e não por obediência.

Bibliografia

ARAÚJO, U.F. (1996) O ambiente escolar e o desenvolvimento do juízo moral infantil. In: PIAGET, J. et al. *Cinco estudos de educação moral.* São Paulo: Casa do Psicólogo, pp. 105-135.

_____ (1993) *Um estudo da relação entre o "ambiente cooperativo" e o julgamento moral na criança.* Campinas: Universidade de Campinas, Faculdade de Educação (Dissertação de Mestrado).

BRINGUIER, J.C. (1978) *Conversando com Jean Piaget*. Rio de Janeiro: DIFEL.

DAMON, W. (1995) *Greater Expectations*. Nova York: The Free Press.

DE LA TAILLE, Y. et al. (1992a) Construção da fronteira da intimidade: a humilhação e a vergonha na educação moral. *Cadernos de Pesquisa*. São Paulo, n.82, pp.43-55.

_____ (1992b) *Piaget, Vygotsky, Wallon*: teorias psicogenéticas em discussão. São Paulo: Summus.

_____ (1991) Construção da fronteira moral intimidade: o lugar da confissão na hierarquia de valores morais em sujeitos de 6 a 14 anos. *Psicologia: teoria e pesquisa*. Brasília, v.7, n.2, pp.91-110.

DURKHEIM, E. (1984) *A divisão do trabalho social*. 2ª ed., Lisboa: Presença.

_____ (1978) *Educação e Sociedade*. São Paulo: Melhoramentos.

_____ (1970) *Sociologia e Filosofia*. Rio de Janeiro: Forense.

FREITAG, B. (1992) *Itinerários de Antígona*: a questão da moralidade. Campinas: Papirus.

GILLIGAN, C. et al. (1988) *Mapping the moral domain*. Cambridge: Harvard U. Press.

HERSH; REIMER; PAOLITTO (1984) *El crescimiento moral*: de Piaget a Kohlberg. Madrid: Nascea.

KAMII, C. (1991) *Jogos em grupos*. São Paulo: Trajetória Cultural.

KANT, I. (1785/1974) Fundamentação da metafísica dos costumes. In: *Kant II*. São Paulo: Abril Cultural (col. Os Pensadores).

MANTOVANI DE ASSIS, O.Z. (1989) *Uma nova metologia para a educação préescolar*. São Paulo: Pioneira.

MENIN, M.S.S. (1985) *Autonomia e heteronomia às regras escolares*: observações e entrevistas na escola. São Paulo: Universidade de São Paulo, Instituto de Psicologia (Dissertação de Mestrado).

OLIVEIRA, A.M. (1989) *O processo de construção do raciocínio moral*. Campinas: Universidade de Campinas, Faculdade de Educação (Dissertação de Mestrado).

PANIER BAGAT, M. (1986) Annotazioni e riflessioni sull'autonomia morale. *Attualitá in Psicologia*. Roma, v.1, n.2, pp.49-56.

_____ (1982) *Verso l'autonomia morale*. Firenze: Giunti Barbera.

PANIER BAGAT, M.; MONTESANO, F. (1988) Normes et valeurs: le concept d'obeissance chez l'enfant. *Archives de Psychologie*. Geneve, 56, pp.23-39.

PIAGET, J. (1994) *O juízo moral na criança*. São Paulo: Summus (orig.1932).

_____ (1978) Ecrits Sociologiques. In: *Études Sociologiques*. 2ª ed., Geneve: Droz (orig.1976, in: *Revue Européene de Sciences Sociales*, tome XIV, n.38-39, pp.44-197).

_____ (1973a) *Estudos Sociológicos*. Rio de Janeiro: Forense (orig. 1965).

_____ (1973b) *Para onde vai a educação*. Rio de Janeiro: J.Olympio (orig. 1948).

_____ (1967) Los procedimientos de la educacion moral. In: *La nueva educacion moral*. Buenos Aires: Losada.

PIAGET, J.; HELLER, J. (1958) *La autonomia en la escuela*. Buenos Aires: Editorial Losada (orig. 1944).

A indisciplina e o cotidiano escolar:
novas abordagens, novos significados

Laurizete Ferragut Passos*

Ao adentrar a sala de aula de primeira série da professora Carmem, demorei para entender o que ali acontecia. Havia muitos sons: o som de crianças circulando de um grupo para outro, o som da conversa entre eles, o som dos materiais que manipulavam, o som do beijo estalado que a professora acabara de dar em uma das crianças. Imediatamente a professora vira-se para mim e diz: "que bom que você veio aqui hoje! Estamos trabalhando com o tema transformação, *e cada grupo elaborou um trabalho diferente sobre ele". Chama duas alunas e pede a elas para me explicar o que fizeram. As alunas, muito entusiasmadas, me levam para o fundo da sala onde haviam pendurado a cartolina com os recortes das revistas e jornais, e passam a fazer uma clara explicação sobre materiais recicláveis. Então, outras crianças começam a me chamar porque também querem mostrar e falar sobre o que fizeram. O mesmo clima de trabalho, de troca, de conversa continua a existir enquanto eu vou ouvindo, lá no fundo, as crianças contando sobre o que trabalharam nos seus grupos. Dona Carmem continua circulando pela classe, ouvindo cada criança como se eu não estivesse presente. Ela parecia apresentar uma certeza de que as crianças sozinhas dariam conta de me explicar sobre aquilo que fizeram.[1]*

---

* Pedagoga, mestre em Educação pela UNICAMP e doutoranda pela Faculdade de Educação da USP. Foi professora de primeiro e segundo graus na rede pública e, atualmente, é docente na UNESP/Rio Claro, onde desenvolve pesquisas etnográficas na área educacional.

1. Este episódio constitui uma parte da descrição da prática de uma professora do Ciclo Básico da Alfabetização numa escola pública paulista, e que compõe o projeto de pesquisa "A formação do professor da escola básica: revelações e contradições" que venho desenvolvendo no momento.

Nada a admirar neste fragmento de aula, não fosse a realidade da vida escolar destas crianças. Considerados *"problemáticos"*, *"lentos"*, *"sem pré-requisitos para aprender a ler e escrever"* ou, ainda, como Bordieu apelida, *"os excluídos do interior"* (segundo o autor, o grupo de indivíduos originários das classes menos favorecidas, que não possuem outro horizonte se não o de aguardar o fim da escolaridade numa espécie de limbo, olhando-a como um fim em si mesmo), estes alunos foram escolhidos pela professora em questão porque ela duvida de tais rótulos e imprime na sala de aula um ambiente de muito prazer, solidariedade, descoberta, e, especialmente, um clima de muita aprendizagem.

Faço este preâmbulo para entrar numa questão que entendo ser muito polêmica e que, embora revista por um número ainda pequeno de pesquisadores, está posta pelas escolas com toda premência: o lugar da *indisciplina* no cotidiano de nossas escolas.

Qual o significado, então, do relato anterior? O que ele nos revela?

Inicialmente, quero esclarecer que o termo indisciplina vai ser tomado aqui não como indicação de negação ou privação da disciplina, ou no sentido pejorativo que o conceito carrega como desordem, falta de regras e de controle, mas como um fogo que atravessa a calmaria e faz nascer novos movimentos, diversas imagens invertidas: um atravessamento na forma pela qual as escolas estão socialmente organizadas, passando por toda a normatização imposta pela instituição para dirigir-se a um aluno adulto e autônomo, que pode reconstruir conhecimentos.

O ponto a ser refletido é sobre qual indisciplina estamos falando e sobre como ela pode adquirir um significado de ousadia, de criatividade, de inconformismo e de resistência. Percebam que não estou negando a necessidade da disciplina, mas quero colocá-la num plano secundário, para fortalecer aquilo que se coloca num plano anterior a ela, que é a aprendizagem e a relação que ela pode gerar com o saber.

Nesse sentido, entendo que o ato pedagógico, enquanto momento de construção de conhecimento, não precisa ser um ato silenciado, que reduz o professor à única condição "daquele que ensina" e faz o aluno não extrapolar sua condição de "sujeito que aprende". Ao contrário, o ato pedagógico é o momento do emergir das falas, do movimento, da rebeldia, da oposição, da ânsia de descobrir e construir juntos, professores e alunos.

Entretanto, a maioria das instituições é reconhecida pela sociedade por algo que elas têm em comum, e que Enguita (1989) expressa como uma "obsessão pela manutenção da ordem". Mesmo defendendo que a ordem é necessária em algumas situações de caráter mais técnico, ele chama a atenção para o fato de que a maioria dos professores justificam-na como necessidade pedagógica, além de concebê-la como condição imprescindível de uma instrução eficaz. "Basta recordarmos nossa própria experiência como aluno ou professor, ou visitar uma sala de aula, para evocar ou presenciar um rosário de ordens individuais e coletivas para não fazer ruído, não falar, prestar atenção, não movimentar-se de um lugar ao outro." (Enguita, 1989, p.163)

As tão conhecidas relações entre autoridade e hierarquia, em que são inseridos os alunos nas instituições escolares, vão criando uma educação para a docilidade, desenvolvendo nos indivíduos uma dependência quase infantil, que os impede de crescer como sujeitos auto-suficientes e automotivados — condições estas favoráveis para o exercício da criatividade, do raciocínio e para o amadurecimento das relações.

É ainda Enguita (1989) quem nos fornece uma contribuição sobre o efeito negativo do exercício permanente de autoridade sobre os alunos: "Subsidiário, mas não carente de importância, é o efeito que a submissão permanente à autoridade produz sobre a imagem de si mesmo e a auto-estima dos alunos. O exercício constante da autoridade sobre eles é uma forma de fazer-lhes saber e recordar-lhes que não podem tomar decisões por si mesmos, que não se pode depositar confiança neles, que devem estar sob tutela." (p.165)

Por trás da relação entre autoridade e manutenção da ordem, reside uma questão bastante complexa: a do poder disciplinar no ato pedagógico. Esta foi a razão que me fez iniciar o texto com cenas da observação de uma sala de aula.

Lembremos que o objetivo desta professora era levar esse grupo de "excluídos" a aprender, a reconstruir conhecimentos. Portanto, o desafio não podia ser vencido a partir dos velhos paradigmas disciplinares de poder, de comando ou do estabelecimento de regras rígidas. A positividade do trabalho da professora descrita encontrava-se na construção de um espaço de solidariedade e criação, no sentido de superar as normas e o controle, privilegiando o agir dos sujeitos no cotidiano, num processo de aprendizagem e ação sobre o aprender.

Isto nos faz expressar uma inquietação em relação à dicotomização que se tem feito em relação aos processos pedagógicos ao classificá-los em *tradicionais* ou *novos*, ao priorizar *conteúdos* sobre *métodos* (ou vice-versa), ou a *disciplina* sobre a *indisciplina*, além de outras classificações que terminam por fragmentar em demasia o ato pedagógico. O perigo que se corre ao submeter a prática dos professores a este universo reduzido de classificações ou tipificações rígidas é não conseguir desvelar a heterogeneidade e a singularidade que o cotidiano da escola pode revelar. Assim, considero necessário que o tratamento pedagógico da prática na sala de aula (e, mais especificamente, das questões disciplinares) seja pensado no âmbito de uma *pedagogia crítica*.

Nesta perspectiva crítica, saliento a posição de Giroux e Simon (1994) ao defenderem a escola como território de luta e a pedagogia como forma de política cultural. Os autores entendem que as escolas, enquanto formas sociais que ampliam as categorias humanas, podem habilitar os indivíduos a intervir na formação de suas próprias subjetividades e no fortalecimento de um poder que possa transformar, através das práticas, as condições materiais e ideológicas de dominação.

Os autores destacam que uma análise político-cultural mais ampla implica o reconhecimento de que os significados são produzidos na escola pela construção de formas de poder, experiências e identidades. Portanto, a formulação de uma pedagogia crítica não passa por uma ideologia unificadora, mas considera uma política das diferenças e do fortalecimento do poder daqueles que vivem e fazem o dia-a-dia da escola e que, quase sempre, são silenciados por ela. Assim eles se colocam: "Queremos argumentar a favor de uma pedagogia crítica que leve em conta como as transações simbólicas e materiais do cotidiano fornecem a base para se repensar a forma como as pessoas dão sentido e substância ética a suas experiências e vozes" (p.95).

As relações apontadas pelos autores entre a pedagogia e a cultura popular revelam a importância de se tornar o *pedagógico mais político* e o *político mais pedagógico.*

Num primeiro momento, eles apontam as diferenças entre a cultura popular e a pedagogia aplicada à sala de aula. Enquanto a cultura popular é organizada em torno do prazer e do cotidiano, sendo apropriada pelos alunos no sentido de validar suas experiências, a pedagogia é definida principalmente em termos instrumentais e se apresenta como legitimadora e transmissora da linguagem, dos códigos e dos valores da cultura dominante, justificando as vozes do mundo dos professores e dos administradores da escola. Porém, segundo os autores, num ponto elas se assemelham: "... ambas existem enquanto discursos subordinados" (p.96).

É fundamental pensarmos como se tem identificado, até o momento, o pedagógico enquanto metodologia mensurável da transmissão de conteúdos do currículo que são selecionados, legitimados e determinados anteriormente. O pedagógico torna-se, então, um discurso subordinado, quando não é teorizado como elemento determinante na construção do conhecimento e da aprendizagem. Da mesma forma, a cultura popular tem sido menosprezada e considerada ilegítima enquanto forma de produção cultural.

A análise de Giroux e Simon nos impele a defender o ato pedagógico como processo de produção de conhecimento, envolvendo os aspectos da prática educacional como conteúdos, métodos, técnicas didáticas, disciplina e avaliação. Além do mais, ele deve se centrar também na visão social e cultural subjacente à educação institucionalizada.

120

Assim, a pedagogia crítica pretende repensar como as nossas escolas podem se constituir em espaços onde a cultura e as experiências dos alunos e dos professores (seus modos de sentir e ver o mundo, seus sonhos, desejos, valores e necessidades) sejam os pontos basilares para a efetivação de uma educação que concretize um projeto de emancipação dos indivíduos.

A possibilidade de perceber e "deixar entrar" na escola uma outra realidade (aquela que os alunos trazem) poderá permitir que habitemos territórios mais amplos, onde os modos de ensinar e aprender sejam determinados pelas relações que acontecem na sala de aula.

Isto tem a ver, para mim, com a questão da indisciplina. Não vejo a possibilidade de isolá-la do que parece ser um sintoma daquilo que a própria escola produziu, seja em termos do significado dos seus conteúdos, das estratégias de trabalho na sala de aula, ou, ainda, do modo de encarar os alunos e partilhar com eles os espaços, as vozes, o tempo.

O cotidiano escolar revelando uma cultura da "disciplinarização"

Uma forma de avançar na compreensão das questões que envolvem a indisciplina na escola seria através do conhecimento sobre o que ocorre em toda a realidade escolar, ou seja, entendê-la no contexto das práticas que "fazem" o dia-a-dia das escolas. Isto porque a prática pedagógica é estruturada a partir dos quadros de referência ideológicos, morais e sociais de todos os envolvidos na dinâmica escolar: professores, diretores, alunos, pais, funcionários etc. Tais quadros se cruzam com todo o universo simbólico cultural (de valores, crenças, representações) que dão sentido a suas atitudes e comportamentos.

Assim, as práticas docentes estão estruturadas a partir deste cruzamento — o que significa, portanto, que as representações de escola que os professores interiorizam, suas concepções de saber, poder e ensino, necessitariam ser analisadas quando se evocam as questões disciplinares compreendidas no conjunto das práticas cotidianas da escola.

Os *estudos sobre o cotidiano* apontam alternativas para esta compreensão. Ao tomar o cotidiano como foco de análise, pode-se percorrer um trajeto teórico que não fragmente os fenômenos, mas que revele a gênese e a natureza do processo educativo.

Neste caso, estudar a escola a partir da análise do seu cotidiano é compreender a ação dos sujeitos que nela se movimentam, entendendo essa realidade específica nas suas articulações com a realidade macrossocial.

Diversos autores como Heller (1977), Lefebvre (1983) e Kosic (1978) têm dirigido seus estudos para as questões da vida cotidiana. Embora eles não se concentrem na realidade especificamente escolar, suas análises têm servido de referência nas investigações sobre e do cotidiano escolar.

As investigadoras mexicanas Ezpeleta e Rockwell (1986), por exemplo, empregam o referencial de Agnes Heller na análise da vida cotidiana escolar. As autoras entendem que, quando se trabalha com a idéia de vida cotidiana enquanto categoria teórica, avança-se no processo de observação do que acontece na escola, porque busca-se principalmente uma interpretação do que se observa. Não se trata de privilegiar, na investigação do cotidiano, os aspectos micro das ocorrências da aula em detrimento das macro teorias, mas analisar o que ocorre no interior das salas de aula em suas relações com a realidade social mais ampla.

"Através das análises do cotidiano se pode entender melhor a natureza dos processos constitutivos da realidade cotidiana da escola, e, ao mesmo tempo, articular com estes processos sociais mais amplos que ocorrem em determinado momento histórico." (Ezpeleta; Rockwell, 1986, p.65)

Este cruzamento do cotidiano com a história é apontado pelas autoras como significativo do próprio processo de conhecimento social da instituição escolar, já que ele se dá em movimentos e contextos distintos, e também pelo fato de focalizar os sujeitos individuais que incorporam e objetivam práticas e saberes dos quais se apropriaram em diferentes momentos e contextos de vida.

Ao utilizar esse cruzamento do cotidiano com a história em suas análises sobre o cotidiano escolar, as autoras mexicanas avançam na construção do conceito de "apropriação" empregado por Heller.

Nesse sentido, elas explicitam que os sujeitos se apropriam diferentemente das coisas, dos conhecimentos, das práticas, dos saberes e das normas, em cada âmbito institucional. Alguns, mesmo não acreditando nas regras, delas se apropriam porque consideram-nas necessárias à integração entre os sujeitos em geral. Também há os que se apropriam das normas vigentes concretizando as sanções e mecanismos que efetivam a manutenção do controle estatal. Para as autoras, estas formas diferenciadas de apropriação no interior da instituição escolar "demonstram o sentido e a força de propostas alternativas da construção da escola, refletindo e antecipando sua história" (p.28).

Os processos diferenciados de apropriação no âmbito escolar marcam também formas diferenciadas de compreender os momentos e eventos, muitas vezes aparentemente incongruentes, que se encontram na realidade do cotidiano escolar, o que indica, segundo Ezpeleta e Rockwell, as diversas formas por meio das quais a história se presentifica na vida escolar.

Deste modo, todos os momentos, espaços e situações presentes na vida cotidiana da escola necessitam ser considerados e teoricamente reordenados, pois fazem parte da reconstrução dos processos que se dão no seu interior.

O que interessa é lançar um olhar sobre a escola com a ajuda de um referencial teórico, com o intuito de entender a lógica reprodutivista de sua ordenação. Isto significa que o que se prioriza na análise são os processos de construção da escola a partir de divisões e dicotomias (frutos do controle institucional/burocrático), como as relações professor/aluno, professores/pais, diretores/professores, pedagógico/administrativo, disciplina/indisciplina etc.

Para as investigadoras, a desagregação da realidade escolar é resultado do uso destas categorias tradicionais de análise, que enxergam a escola a partir das separações, eliminando os "fragmentos significativos e acontecimentos diversos" que podem ser recolhidos da riqueza cotidiana das escolas. Elas buscam novas categorias de análise da escola com o objetivo de possibilitar "interações mais reais com os processos que se dão em seu interior" (p.30).

Assim, os processos dicotômicos, que marcam a forma como as escolas estão organizadas, vão construindo nas salas de aula uma cultura disciplinar que rompe com as formas de mover-se, de falar, de estar, cultivadas no espaço cotidiano da vida das crianças fora da escola. Entrar para a escola significa renunciar à diversidade desse espaço, adentrando num espaço organizado para que todos os alunos sejam iguais, para que todos aprendam do mesmo jeito, no mesmo ritmo. É a escola da passividade: a voz é do professor, e o aluno é dela destituído. Aposta-se mais no trabalho individual, e a vida em grupo, tão decisiva na formação das crianças e jovens, fica do lado de fora da escola.

Stoer (1995) afirma que as crianças vivem num espaço de solidariedade nos seus grupos de brincadeiras, de vivência, e que, portanto, desconhecem o conceito de indisciplina porque é uma idéia criada pelos adultos e que reflete uma sociedade com que as crianças ainda não sabem lidar, que é a sociedade da concorrência e da competição.

Entretanto, esses modelos disciplinares que nossas instituições insistem em adotar impulsionam focos de resistência e de luta que sugerem caminhos de possibilidade ou espaços de liberdade, numa perspectiva como a que Foucault propõe (1979), e que podem se tornar visíveis quando se estuda o cotidiano escolar.

É do espaço das filas, de cabeça atrás de cabeça, da rotina dos horários, do tempo limitado para cada atividade, dos conteúdos estagnados, das provas homogêneas, que podem emergir formas de relação que ultrapassem o controle e o poder instituído, para configurar uma dinâmica de troca, de ação e interação, de luta contra a submissão, que se expressa nas rotinas e relações sociais que caracterizam o cotidiano escolar. Os próprios alunos vão impondo à escola a necessidade de mudança.

Da mesma forma, os focos de resistência em relação às normas institucionais são também manifestados pelos outros agentes escolares (professores, diretores, coordenadores etc.). Cada qual, a seu modo, procura entender como são produzidos o controle, a exploração e a manutenção das estruturas sociais — o que pode gerar novas formas de resposta ou diferentes tipos de resistência nas escolas.

É a partir desta tensão, entre as determinações estruturais da sociedade e as exigências próprias do sistema escolar, que os professores podem concretizar uma prática de resistência na sala de aula. Lembremos da professora do início do texto. Ela foi construindo no seu cotidiano alternativas pedagógicas de cooperação, de explicitação, de consideração do singular e valorização das diferenças. Acompanhando o trabalho diário desta professora, pude perceber que estas conquistas não se deram de forma harmônica; elas resultaram de muitos conflitos vividos no dia-a-dia do seu trabalho.

Nesse sentido, o existir e o fazer cotidianos, enquanto manifestação imediata de toda a atividade humana, apresentam momentos de sujeição e momentos de resistência e contestação, que precisam ser compreendidos enquanto momentos igualmente presentes no cotidiano escolar. Estes momentos, quando criticamente refletidos, possibilitam a transformação da realidade e o surgimento de uma nova cultura escolar.

O cotidiano escolar e os estudos etnográficos

Uma das formas de pesquisa que, no momento, vem sendo utilizada como instrumento de investigação da realidade cotidiana das escolas é a *Etnografia*.

É importante considerar que a Etnografia, enquanto instrumento clássico de investigação antropológica, possui, segundo Wolccot (1985), o propósito de descrever e interpretar o comportamento cultural. Para ele, a interpretação cultural é a essência do esforço etnográfico, sendo, antes de mais nada, uma proposta descritiva na qual o investigador procura ser o mais fiel possível quando descreve e interpreta o discurso social de um grupo de pessoas.

Da mesma forma, Geertz (1985) propõe que o etnógrafo realize uma "descrição densa", na qual a posição do pesquisador não seja somente a de um observador da conduta de um grupo ou de uma situação natural, mas daquele que procura obter das pessoas observadas os significados que conformam e dão corpo aos seus comportamentos. É fundamental, também, que a interpretação dos fatos observados se fundamente numa teoria, num referencial do qual dependa conceitualmente a interpretação dos dados.

Embora a etnografia seja considerada mais tradicionalmente como a descrição da cultura de uma comunidade (seus hábitos, valores, linguagem etc.), ela tem sido aplicada na descrição do discurso de qualquer grupo social cujas relações estejam reguladas por hábitos e costumes.

A partir dessas premissas, os pesquisadores da educação têm feito algumas adaptações para a utilização da investigação etnográfica na área. Porém, enquanto o foco de interesse dos etnógrafos é a descrição da cultura, para os educadores o foco centra-se no processo educativo.

Para André (1995), a adaptação da etnografia à educação revela que os educadores não fazem etnografia no sentido puro e restrito do termo, mas que realizam estudos do tipo *etnográfico*, uma vez que são empregadas técnicas de observação participante, entrevista coletiva e análise de documentos — procedimentos estes tradicionalmente utilizados pela etnografia.

Contudo, apenas o uso destes procedimentos e a descrição subseqüente não garantem aos investigadores da educação que seus estudos sejam do tipo etnográfico. Há que se ter uma *intenção etnográfica*, como diz Wolccot (1985), para não se correr o risco de denominar como etnográfica qualquer investigação descritiva.

De que forma, então, a intenção etnográfica pode se fazer presente no estudo da prática escolar cotidiana? Quais as contribuições da etnografia no desvelamento da prática pedagógica nas escolas? Os estudos etnográficos podem contemplar aspectos pontuais da prática cotidiana da sala de aula, como as questões disciplinares, a avaliação, os conteúdos etc.?

André (1978, 1987 e 1995), uma das primeiras pesquisadoras brasileiras a utilizar os estudos etnográficos voltados para a prática cotidiana das escolas, esclarece que, enquanto procedimento de abordagem da realidade concreta, este tipo de pesquisa permite reconstruir os processos e relações que configuram a experiência escolar diária. Isto significa que quanto mais perto estivermos do dia-a-dia da prática escolar (observando e entrevistando, sempre com a intenção de documentar o não documentado, ou seja, desvelar os encontros e desencontros do cotidiano e descrever ações e representações dos envolvidos, reconstruindo linguagens, formas de comunicação que são criadas e recriadas nesse cotidiano), mais estaremos nos aproximando da etnografia.

À medida que nos aproximamos dos processos constitutivos da realidade escolar com o auxílio das técnicas etnográficas, uma nova visão do cotidiano escolar vai se revelando: um cotidiano que não é estático e repetitivo, mas que possui um dinamismo próprio, em que os mecanismos de dominação e resistência, opressão e contestação, ocorrem juntamente com a relaboração de conhecimentos, atitudes, crenças e diferentes modos de compreender o mundo e a realidade.

Assim, a pesquisa do tipo etnográfico pode produzir um novo saber sobre as questões da disciplina e indisciplina na escola, quando analisadas a partir das relações que constituem o cotidiano escolar. É a mesma autora que sugere que as forças que impulsionam e retêm a dinâmica das ações e interações sejam identificadas, bem como as estruturas de poder e os modos de organização do trabalho escolar. Dessa forma, o papel e a atuação de cada sujeito na escola deverão ser compreendidos a partir destas hipóteses. O agir dos sujeitos e o agir da instituição nas suas ligações com o contexto social vão compondo as dimensões a serem analisadas quando se estuda a dinâmica expressa no cotidiano escolar, e que André (1995) caracteriza como as dimensões institucional/organizacional, instrucional/pedagógica e sócio-política/cultural.

Consideramos, então, que os estudos etnográficos aplicados à análise das situações de sala de aula sejam direcionados à disciplina, aos conteúdos, à avaliação ou a outras situações ligadas às formas de organização do trabalho no interior da escola e seus determinantes estruturais.

O estudo sobre a indisciplina na sala de aula deve envolver, portanto, a análise de múltiplos aspectos, tais como: as estruturas de poder na escola, as pressões e expectativas dos pais, as concepções dos professores em relação à construção dos conhecimentos, e outros.

Para isso, no processo de coleta e análise dos dados, o pesquisador precisa ser maleável para detectar novos ângulos, por meio das representações de todos os indivíduos que participam da vida da escola. Entretanto, quando esse processo não vem acompanhado de um referencial teórico que ancore a investigação, transforma-se numa mera reprodução da realidade. Há que se avançar no sentido da reconstrução desta realidade. Mesmo que o referencial não esteja integralmente estruturado no início da pesquisa, ele poderá ser ampliado no decorrer da investigação. Porém, o problema a ser investigado necessita estar claramente definido desde o início.

Um dado otimista para nós, educadores que pesquisamos as práticas de sala de aula, refere-se aos avanços da etnografia nos últimos anos. Erickson (*apud* André, 1995, p.107) destaca a microetnografia ou microanálise (com o uso do vídeo) como um deles. Também, aponta uma maior aproximação do pesquisador com o objeto pesquisado, especialmente no caso dos estudos na sala de aula e sobre o trabalho do professor.

O registro em vídeo abre uma possibilidade fecunda de as situações ou cenas da sala de aula serem analisadas com um maior refinamento do que a descrição clássica, além de poder criar um espaço de discussão e análise das cenas juntamente com os professores, que poderão ser parceiros na empreitada da interpretação. Isto sugere que vivemos um momento muito fértil para novas aproximações com os sujeitos pesquisados, e, talvez, as contribuições para mudanças nas escolas possam se fazer mais rápidas e de forma mais efetiva.

Tentei mostrar nesse texto como, no interior das instituições escolares, ainda reside uma cultura da "disciplinarização" dos sujeitos, mas também espaços de oposição e de manobra que atravessam o cotidiano escolar. Gostaria de finalizar estas reflexões com duas outras questões no lugar de possíveis respostas às nossas questões iniciais.

O que nos impede de avançar na busca de novas formas de organização, novas formas de pensamento, novas formas de transmissão de conhecimentos? Até quando nós, professores, continuaremos temendo a indisciplina, desobrigando-nos com isso da tarefa de enfrentá-la criativamente?

Bibliografia

ANDRÉ, M.E.D.A. (1995) *Etnografia da prática escolar*. Campinas: Papirus.

_____ (1987) *A pesquisa no cotidiano escolar*. Trabalho apresentado no VIII Encontro de Pesquisadores da Região Sul. Porto Alegre (mimeo).

_____ (1978) O que dizem as pesquisas sobre a sala de aula do primeiro grau? *Fórum Educacional*, Porto Alegre, n.4, pp.83-91.

BORDIEU, P.; CHAMPAGNE, P. (1992) Les exclus de l'intérieur. *Actes de la recherche*, n.91/92, Paris: Ed. du Minuit.

ENGUITA, M.F. (1989) *A face oculta da escola*. Porto Alegre: Artes Médicas.

EZPELETA, J.; ROCKWELL, E. (1986) *Pesquisa participante*. São Paulo: Cortez.

FOUCAULT, M. (1979) *Microfísica do poder*. Rio de Janeiro: Graal.

GEERTZ, C. (1988) *La interpretación de las culturas*. Barcelona: Gedisa.

GIROUX, H.; SIMON, R. (1994) Cultura popular e pedagogia crítica: vida cotidiana como base para o conhecimento curricular. In: SILVA, T.T. *Currículo, cultura e sociedade*. São Paulo: Cortez, pp.93-124.

HELLER, A. (1977) *Sociologia da vida cotidiana*. Barcelona: Ed. Península.

KOSIC, K. (1978) *Dialética do concreto*. São Paulo: Paz e Terra.

LEFEBVRE, H. (1983) *La presencia e la ausência:* contribuición a la teoria de las representaciones. México: Fondo de Cultura Económica.

STOER, S. (1995) O debate sobre indisciplina na escola. *Educação, Sociedade e Cultura*. Lisboa, n.1, v.1, Portugal, pp.141-169.

WOLCCOT, H. F. (1993) Sobre la intención etnográfica. In: MAILLO, H.M.V. et al. *Lecturas de antropología para educadores*. Barcelona: Ed. Trotta, pp.128-144.

Os sentidos da (in)disciplina:
regras e métodos como práticas sociais

José Sérgio F. de Carvalho*

Ao ser convidado para participar de uma coletânea de artigos sobre o problema da indisciplina no contexto escolar, abordando-o numa perspectiva filosófica, perguntei-me que tipo de contribuição poderia dar um professor de Filosofia da Educação (e ex-professor de Filosofia no Ensino Médio) a um tema tão complexo como este e que, em nossos tempos, tem sido abordado mais freqüentemente por outras áreas do saber, como a Psicologia e a Sociologia.

O caminho mais comum à tradição dos estudos em Filosofia da Educação seria comentar as reflexões de um autor clássico sobre o assunto. E, de fato, vários seriam os possíveis autores, uma vez que as questões da disciplina, do hábito, das regras e de seu cumprimento ou transgressão foram amplamente analisadas ao longo da história da filosofia e, muitas vezes, sob formas que ainda guardam interesse. Entretanto, não é este o caminho que desejaria propor neste pequeno ensaio.

Ocorreu-me também, provavelmente como fruto dos anos em que lecionei no segundo grau, que o problema da disciplina ou de sua ausência (o da *indisciplina*, tema desta coletânea) parece freqüentemente apresentar-se ao professor como algo imediato, urgente e concreto, com o qual ele lida cotidianamente, que lhe demanda posições definidas e que, portanto, suscita pelo menos o desejo de que se faça uma abordagem até certo ponto operativa do tema, que se proponham medidas ou soluções mais ou menos abrangentes, eventualmente afinadas ou aparentemente deduzidas de uma filosofia ou teoria da educação em particular.

Gostaria de deixar claro desde já que, mesmo reconhecendo a relevância desse caráter prático do problema, tampouco será esse o caminho aqui proposto. Isto porque não tenho máximas pedagógicas deduzidas de uma teoria da educação ou de uma doutrina filosófica, nem

---

* Filósofo e pedagogo. Mestre e doutorando pela Faculdade de Educação da USP, onde é professor de Filosofia da Educação. Atuou também como docente no segundo grau.

palavras de ordem e *slogans* a respeito da indisciplina que pudessem orientar diretamente a ação pedagógica do professor. Ademais, não me parece que a propagação de *slogans* ou palavras de ordem — que podem eventualmente servir como guias de ação — deva ser a preocupação central de uma reflexão filosófica sobre problemas educacionais, ainda que tal reflexão jamais deva perder de vista a concretude e as necessidades do problema que a incitam.

Não se entenda por essa afirmação restritiva que eu acredite que a função da filosofia da educação seja simplesmente pensar os ideais, os fins e objetivos do processo educacional, deixando esses problemas cotidianos para as ciências empíricas, como a psicologia ou a sociologia, ou ainda para áreas como a didática ou a prática de ensino, estas últimas freqüentemente tidas no senso comum como aplicações tecnológicas ou práticas daquelas ciências. A perspectiva que gostaria de tomar nesta breve reflexão é bastante distinta dessas que, de alguma forma, têm sido dominantes na tradição de estudos filosóficos da área de educação no Brasil.

Mesmo sem nenhuma pretensão de negar essa tarefa de dissertação sobre os fins ou os ideais da educação como uma legítima aspiração da filosofia ou da importância de comentar os clássicos, gostaria de propor uma outra forma de abordar o problema da (in)disciplina. Essa forma, que tem caracterizado algumas correntes filosóficas contemporâneas, tenta esclarecer, através de alguns procedimentos canonizados pela filosofia, certas *noções* que utilizamos em nosso discurso — neste caso as de *disciplina* e de *indisciplina* e suas relações com o ensino e a aprendizagem — a partir de seu uso na *linguagem corrente* e de suas manifestações concretas como *práticas sociais*.

Na verdade, não é nova a proposta de que a tarefa da filosofia não é a asserção de verdades sobre o mundo empírico ou a proposição de valores e finalidades, mas sobretudo o esclarecimento de noções expressas no uso da linguagem, por intermédio do exame das idéias e dos argumentos nelas implicados, a partir do ponto de vista de sua clareza e validade. Ainda que substancialmente enriquecida neste século, a partir dos estudos lógicos e lingüísticos, tal proposta deriva da tradição grega dos diálogos socráticos que procuravam, através dos conceitos, a clareza das idéias. Mas, ao contrário do ideal platônico de um conceito puro e essencial que transcenda o tempo e o espaço, estaremos procurando refletir sobre os usos dos termos *disciplina* e *indisciplina* em seus diferentes contextos e utilizações, buscando esclarecer possíveis confusões lingüísticas advindas do fato de que estas, assim como várias outras expressões de uso corrente por parte dos agentes institucionais da educação, têm profundas raízes históricas e múltiplos usos igualmente legítimos.

Assim sendo, iniciaremos nossa análise a partir das definições encontradas em um dos dicionários da língua portuguesa que registra o uso que fazemos do termo *disciplina*. A partir dessas definições gostaria de refletir sobre os significados próprios ao uso escolar dessas noções, bem como suas implicações sobre as tarefas de ensino e as atividades escolares cotidianas. O dicionário *Caldas Aulete*, por exemplo, registra no verbete disciplina os seguintes significados:

"1. instrução e direção dada por um mestre a seu discípulo...

2. submissão do discípulo à instrução e direção do mestre.

3. imposição de autoridade, de método, de regras ou preceitos...

4. respeito à autoridade; observância de método, regras ou preceitos.

5. qualquer ramo de conhecimentos científicos, artísticos, lingüísticos, históricos, etc.: as disciplinas que se ensinam nos colégios.

6. o conjunto das prescrições ou regras destinadas a manter a boa ordem resultante da observância dessas prescrições e regras: a disciplina militar; a disciplina eclesiástica." (1964, p.1246)

Seria interessante apontar que, dentre as seis acepções conferidas à palavra disciplina no dicionário em questão, somente a última (6) não faz referência direta ao processo educacional, mas ressalta seu uso eclesiástico ou militar. E, no entanto, justamente esta idéia de disciplina como "o conjunto das prescrições ou regras destinadas a manter *a boa ordem*" (grifos meus), própria e oriunda de outras instituições sociais onde a ordem e a hierarquia se configuram como *um modo de vida*, é a que mais fortemente tem marcado a discussão sobre *indisciplina* por parte de professores e outros agentes escolares. Mas, é preciso ressaltar que, ainda que usemos o mesmo termo, a *idéia* e os *pressupostos* de disciplina em um contexto da vida militar ou monástica são radicalmente distintos da idéia e dos pressupostos que regem sua utilização na vida escolar, embora nossas práticas escolares pareçam, muitas vezes, desconhecer essa distinção.

Tal distinção não repousa no fato de que no contexto escolar não haja prescrições e regras (como veremos adiante elas existem), mas no fato de que, tanto no caso militar como no eclesiástico, falamos de *uma disciplina*, de um tipo de disciplina que implica um controle sobre o comportamento como um valor, em que a rigidez do hábito invariável centra-se em *um único objetivo* para cada instituição: ter uma força armada pronta para o conflito ou atingir a beatitude.

Nesse sentido, podemos pensar que a disciplina militar ou eclesiástica pressupõe uma ordem rígida e fixa, por exemplo, das atividades diárias, e que a submissão irrestrita e não crítica a seus comandos e procedimentos é o que garante a própria continuidade da instituição. Na escola, no entanto, o emprego da palavra disciplina implica uma outra noção, menos fundada em uma ordem fixa e imutável de procedimentos comportamentais e mais relacionada ao aprendizado das diversas ciências, artes ou demais áreas da cultura.

O próprio fato de chamarmos as áreas de conhecimento, que são constitutivas do currículo escolar, de *disciplinas* (como na quinta acepção apresentada) já nos indica o caráter plural e diferenciado das disciplinas escolares com relação à disciplina singular e preponderantemente comportamental da vida militar ou eclesiástica. A importância de destacarmos que a escola trabalha com disciplinas (matérias do currículo) que exigem disciplinas, sempre no plural (procedimentos em face de seu objeto ou formas de abordá-lo que acreditamos ser mais eficazes ou próprias), reside no fato de que, freqüentemente, idealizamos uma ordem invariável — tal como a *boa ordem* da definição 6 — para o comportamento em sala de aula, como se o objetivo do processo educacional repousasse prioritariamente na fixação de certos comportamentos e não na transmissão e assimilação de determinados conhecimentos, habilidades ou atitudes que, eventualmente, exigem certos tipos de comportamento e procedimentos como meios.

Assim, enquanto a noção de disciplina como ordenadora e padronizadora do comportamento é um alvo cujo alcance já é em si valoroso em instituições eclesiásticas e militares, na escola ela não se justifica autonomamente, mas se vincula aos conteúdos que a demandam. Essa idéia, na verdade, está inscrita na própria etimologia do termo disciplina, derivada da palavra latina *"disco"*, que significa "aprendo".

Sua raiz encontra-se na idéia de uma submissão do aprendiz às regras e estruturas do que pretende aprender ou à autoridade do mestre, como aquele que inicia o *discípulo* em uma arte ou área de conhecimento. As regras não têm validade autônoma, como um imperativo categórico que valha por si, mas encontram seu significado como um *caminho* para a *aprendizagem*. Assim, parece-me que a trajetória para entendermos os problemas da disciplina e da indisciplina escolar consiste na explicitação do vínculo entre a noção de disciplina como *área do conhecimento* e a de disciplina como *comportamentos/procedimentos*, vínculo que é próprio e específico da relação escolar.

Tal recorte implica renunciar à tentação essencialista de imaginarmos que há a verdadeira *disciplina*, cujo conceito ou idéia — que deve se transformar em comportamento — define-se independentemente do contexto e impõe-se como um objetivo único e universal para o qual devemos *sempre* tender ou do qual devemos *sempre* nos aproximar. Acredito mesmo que essa crença de que exista um único tipo de comportamento a que chamamos *disciplinado* é responsável por muitas das aflições que temos em relação à suposta *indisciplina* dos alunos.

Agir disciplinadamente em um jogo de futebol, em um mosteiro ou em um laboratório requer não só ações diferentes, mas um espírito diferente até em relação às próprias regras. Em um, o silêncio pode ser fundamental; no outro, um entrave. A observância estrita das regras canonizadas pode ser, por exemplo, no caso de um mosteiro, a razão para o êxito em relação ao objetivo. Mas para um cientista, ater-se obcecadamente às teorias e procedimentos anteriores pode significar o fracasso na descoberta de novas teorias ou modos de abordar o problema. Nesse sentido, a disciplina de um cientista não implica um comportamento de adesão irrestrita aos procedimentos de seus antecessores, mas uma adesão a um ideal canonizado que exige criação de métodos e técnicas.

Uma prática científica disciplinada pode e deve conter ousadia e criatividade. O mesmo é verdadeiro para a criação artística, por exemplo. Tanto o é que esse trinômio — ousadia, criatividade e disciplina —, que pode parecer estranho e até contraditório às nossas concepções vigentes, está inscrito à entrada do principal museu de arte contemporânea de Nova York, o MoMA. Ser um artista disciplinado parece, assim, pressupor um esforço constante de ousadia e criação. Por outro lado, criatividade e ousadia pode não ser o que se espera de um monge disciplinado.

No entanto, é pouco esclarecedor reconhecer que, ao se referir à disciplina ou indisciplina tocamos não em um conjunto fixo de modalidades de comportamento, mas em uma série de atitudes que em diferentes contextos lingüísticos e sociais podem representar ou requerer diferentes comportamentos. O que significa, pois, a idéia de que a disciplina no contexto escolar pressupõe, tal como nos afirmam as definições 3 e 4 do dicionário, o *respeito* ou a *imposição* de *regras, métodos e preceitos*?

Deixemos de lado, por enquanto, as questões de *respeito* ou *imposição* para nos concentrarmos nas concepções de *regras* e *métodos* e as questões da disciplina escolar. Tanto em um caso como em outro, não é possível, nem seria o caso, buscarmos uma definição ou ainda uma apresentação abrangente da *lógica do uso* desses termos que são ambíguos e de difícil clarificação. Mas é preciso, no mínimo, desfazer certos equívocos. O primeiro desses possíveis equívocos, tal como no caso da disciplina, seria procurar nas regras e métodos uma substância única ou abstrata, que os descontextualizasse das experiências concretas onde se manifestam, como fenômenos práticos ou entidades lingüísticas.

A esse respeito, Azanha (1992), em um estudo sobre regras e métodos em ciências, afirma algo cuja validade estende-se para os conceitos de regras e métodos que nos interessam: "a elucidação do significado da expressão 'seguir um método' ou de 'seguir uma regra' somente pode ocorrer no âmbito de uma prática, porque apenas os demais parceiros dessa prática poderão avaliar uma ação quanto à sua correção no seguimento de um dado método ou regra... (Essas) expressões requerem, para a elucidação de seus significados, a referência a uma prática que é essencialmente social" (p.180).

Tal advertência é fundamental não só porque ajuda a evitar que se busquem definições tão pretensamente exaustivas quanto inúteis, mas também porque ressalta que a idéia de agir metodicamente bem como a de seguir regras não implicam necessariamente a enunciação prévia dos procedimentos, nem tampouco a tematização consciente de seus conteúdos.

Nesse sentido, a ação disciplinada é freqüentemente um saber-fazer e não um saber proposicional; é um tipo de ação e não a posse de um discurso. Transferindo-se estas idéias para uma sala de aula, a disciplina não necessariamente precede de forma discursiva o trabalho, mas *concretiza-se* em um trabalho. Assim ela nem sempre implica a clareza de regras de comportamento apresentadas verbalmente, mas sempre implica a clareza de meios e objetivos para um trabalho. Tanto o trabalho do professor, que é o ensino, como o do aluno, que é a aprendizagem, só são possíveis porque há uma ação em alguma medida metódica e regrada, portanto disciplinada, mesmo que permeada por comportamentos que não sejam imediatamente identificados com a *boa ordem*.

Uma criança que tenta subir em um telhado para apanhar a sua bola, através das tentativas e erros, cria um certo método de ação, trabalha com regras hipotéticas, mesmo que não as elabore em forma discursiva. Não estamos, com essa afirmação, ampliando exageradamente a abrangência do termo "regra", mas reconhecendo que seu uso comporta diferentes formas legítimas. A palavra "regra" pode, entre outras funções, expressar a idéia de um regulamento tácita ou explicitamente formulado, através de proibições, exigências e permissões (como as de trânsito, as de um jogo ou dos estatutos de um clube); pode expressar instruções (como as regras para o uso de um aparelho) ou, ainda, preceitos morais e religiosos que visam guiar a ação de um indivíduo (como os mandamentos bíblicos). O que podemos observar em todos esses usos, igualmente legítimos, do mesmo termo não é, portanto, algo fixo e comum a todos eles, como uma essência invariante, mas uma certa *familiaridade* que os une.

Também no que diz respeito à noção de método, é preciso uma certa precaução provavelmente ainda maior do que em relação ao termo "regra". Talvez em função do uso difundido da expressão "método científico", popularizou-se a idéia, completamente irreal, de que método seria simplesmente uma aplicação seqüencial de procedimentos fixos e mecanizados, ao final dos quais obteríamos o resultado esperado, fosse ele a verdade de um enunciado científico, o êxito no ensino de uma disciplina ou a obtenção de um comportamento padronizado.

A esse respeito, em um artigo que muito nos interessa já que discorre sobre as relações entre ensino e aprendizagem, o filósofo inglês

Gilbert Ryle afirma que: "contrariamente ao que muitos afirmam, um método não é uma pauta seqüencial estereotipada, ou uma rotina de ações, que se grava mediante a memorização pura, como apresentar armas ou recitar o alfabeto... Um método *é uma maneira de fazer algo que é passível de ser aprendida*. A palavra maneira designa algo mais do que a simples memorização ou rotina. Uma maneira de fazer algo é um *modus-operandi*..." (In: Peters, 1969, p.182, grifos meus).

A noção de método, portanto, encerra uma forma de operar, de fazer, eventualmente encarnada em cânones, regras, procedimentos, engenhosidade e até mesmo nas "manhas do ofício", que se legitimaram mais ou menos hegemonicamente, dado que foram consideradas pelas respectivas comunidades de praticantes (sejam eles cientistas, músicos...) como formas interessantes de trabalhar com determinado tipo de problema.

Daí não se depreende, no entanto, que um método traga soluções positivas e operativas ou um conjunto de regras exaustivas e suficientes, como se fossem velhas formas práticas de resolver novos problemas. No mesmo texto, o autor nos adverte que "... por outro lado, os métodos podem ser concebidos — e aqui nos permitiremos um certo cinismo em favor da clareza — como sistemas de invalidações ou pautas do 'não fazer'. Por exemplo, as regras da gramática não nos dizem positivamente o que se deve dizer ou escrever, nos exortam negativamente a não dizer ou escrever coisas como 'Os cachorros é...' ou 'Este cachorro são...'; aprender a arte do alpinismo ou até a de subir em árvores é, entre muitas coisas, aprender que nunca devemos apoiar todo o peso do corpo em uma saliência cuja solidez não tenha sido verificada anteriormente ou em um galho que está sem folhas em tempo de verão" (p.186).

Uma vez que qualifica seu possuidor como metódico e seguidor de certas regras, o adjetivo disciplinado indica a posse de um *modo de fazer* que não se funda necessariamente em enunciados gerais prévios que guiem a ação ou regulem o comportamento para a boa ordem, mas em preceitos que podem nos ser úteis para que, entre outras coisas, não desperdicemos esforços em vão, para que os caminhos que tomemos nos surpreendam negativamente o menos possível, dadas as experiências anteriores (nossas ou de outras pessoas). E é nesse sentido que o trabalho do professor, ainda que não seja insubstituível, é enriquecedor.

A criança que sobe ao telhado para pegar uma bola, como no exemplo anterior, pode estar só ou acompanhada por alguém mais experiente nesta prática. Essa pessoa mais experiente, ainda que não suba no telhado no lugar da criança, pode indicar-lhe certos caminhos que evitam fracassos ou riscos desnecessários, ou ainda fornecer preceitos que se provaram interessantes em situações análogas. Não podemos *aprender pela criança* a subir no telhado, ainda que pudéssemos subir para ela.

Ela só aprenderá subindo, ainda que possamos dar-lhe certas dicas facilitadoras. Ela só aprenderá uma forma de subir quando ela o fizer pelas suas próprias pernas. E essa forma lhe será tanto mais útil quanto mais ela representar não um evento único, mas a aquisição de uma *maneira* de subir em novos telhados.

Analogamente, um professor não pode fornecer para seus alunos uma fórmula que resulte em um poema criativo e de valor estético. Mas pode ajudá-los a evitar certos erros banais, certas construções de valor estético duvidoso, fornecendo-lhes uma maneira de trabalhar que não assegura mas possibilita a criação de um poema.

Assim, as regras e disciplinas não são só *reguladoras* (no sentido de permitir, proibir, facultar) mas também *constitutivas*, no sentido de que a sua existência é que possibilita a criação. Esse é o caso, por exemplo, das regras de futebol. Elas não só regulamentam, mas possibilitam o jogo. As regras que formam as disciplinas escolares não têm uma função exclusiva ou preponderantemente regulamentadora (da *boa ordem*), mas constitutiva, posto que possibilitam uma forma de trabalhar, de ver o mundo na perspectiva da história, das artes, da física etc.

Ao propiciar uma forma de trabalho, um modo de operar, o professor transmite um método de trabalho, uma *disciplina* para o trabalho. Evidentemente cada disciplina — na acepção de matéria curricular — exige procedimentos diferentes, portanto uma *disciplina de trabalho* diferente para cada caso. Entretanto, só haverá aprendizagem se e quando o aluno desenvolver sua forma de trabalho e de resolução do problema a que ele se propuser.

A aprendizagem é, assim, a aquisição de formas de contrapor a um problema soluções próprias daquele que aprende. Essa noção de que a aprendizagem não se limita à repetição de procedimentos, ainda que dela provavelmente não possa prescindir em seus momentos iniciais, expressa-se com clareza em nossa linguagem corrente.

Como destaca Ryle no artigo citado, só afirmamos que uma criança sabe ler e escrever quando ela é capaz de ler e escrever palavras que não lhe foram ensinadas. Não basta que ela saiba copiar e consiga memorizar todas as palavras escritas no quadro por um professor. Estar alfabetizado implica ter o domínio do *modus operandi* implicado na leitura e na escrita; significa ter uma certa habilidade que se demonstra concretamente, da mesma forma que saber andar de bicicleta pressupõe que se superem os exercícios padronizados pelos quais nos ensinaram as primeiras manobras. Em ambos os casos — alfabetizar-se e andar de bicicleta — o aprendizado implica a posse de uma *disciplina*, de um *método*, um modo de *fazer* algo, de regras que a constituem e possibilitam.

Mas a aquisição desse saber fazer, ainda que possa ser feita isolada e autonomamente, com freqüência conta com a presença de alguém que ensina (no caso das escolas, o professor). Àquele que ensina cabe iniciar o aprendiz nas regras, cânones, procedimentos, nos *modi operandi* de uma área de conhecimento, de um certo saber. E ele freqüentemente o faz com exposições, demonstrações, situações modelares e exercícios práticos limitados em número e variedade, mas cuja repetição e observância metódica — em seu sentido de uma prática social — levam o aluno a adquirir uma capacidade ilimitada, ou pelo menos mais ampla, de contrapor aos novos problemas as suas próprias soluções. Se esse for o caso, o professor transmitiu-lhe um *método de trabalho*, um certo tipo de *disciplina* e não um estoque de soluções.

Assim, ao dar regras e transmitir uma disciplina, o professor não impede o aluno de criar; ao contrário, possibilita a criação. Se as regras fossem sempre e exclusivamente *regulamentadoras*, talvez esse impedimento fosse verdadeiro, mas, como vimos, elas também são *constitutivas*. Como no futebol, se não existissem regras constitutivas não haveria partidas, nem craques, nem jogadas criativas. Ou, como exemplifica Ryle, as regras e proibições do trânsito não visam impedir o deslocamento de veículos, mas ajudá-lo.

É por esta razão que disciplina, tal como demostram as acepções de 1 a 4 do dicionário, significa tanto a *instrução e direção dada por um mestre* quanto a *aquisição* por parte do discípulo das regras, métodos e procedimentos — *o respeito* bem como *a submissão* a essa disciplina, que é uma prática social na qual o aluno está sendo iniciado. O ensino (*instrução e direção*) se constitui em aprendizagem (*aquisição*) na relação pedagógica mediada pelos trabalhos escolares.

Evidentemente, a iniciação em práticas sociais operada pela educação exige comportamentos que lhe são próprios. E é nisto que reside o problema prático da disciplina. Não há, por todas essas razões, *uma resposta* para a questão da disciplina ou indisciplina dos alunos. Mas há, também neste caso, certas precauções.

Se disciplina é uma prática social, *ter disciplina* para realizar algo não significa ser *disciplinado* para tudo. As exigências de procedimentos, regras e métodos de uma prática não se dissociam dos objetivos e conteúdos da mesma. Nesse sentido, disciplina escolar não se identifica com *uma boa ordem*, mas com *práticas* que exigem diversas *disposições* e diferentes tipos de exigência.

Uma aula expositiva pode exigir silêncio e acompanhamento do raciocínio. Por outro lado, a resolução de problemas pode exigir troca de idéias sobre procedimentos e tentativas, como parte constituinte da disciplina e não como manifestação de indisciplina. O problema da disciplina ou indisciplina no âmbito escolar não é, nesse sentido, o de obter *um tipo padronizado de comportamento*, mas o de como ensinar certas maneiras de se trabalhar. E o ensino é uma arte-prática que não tem regras que garantam seu êxito.

O trabalho do professor não é o de fixar, através de certas receitas, comportamentos invariáveis, mas o de criar, segundo seus objetivos e as características daquilo que ensina, disciplinas e métodos de ação e pensamento que consideramos valiosos. Ter um método para transmitir disciplinas não é ter um discurso sobre a disciplina, mas é criar uma maneira de trabalhar! Tal maneira será tanto mais eficaz quanto mais o professor tiver clareza de objetivos e procedimentos dos conteúdos ou áreas de conhecimento com os quais deseja trabalhar. Nesse sentido, o problema da disciplina escolar desloca-se do âmbito e da perspectiva moral e comportamental para situar-se no âmbito da apropriação de *práticas e linguagens públicas*, em cuja difusão reside a principal atividade das instituições escolares.

Bibliografia

AZANHA, J.M.P. (1992) *Uma idéia de pesquisa educacional*. São Paulo: Edusp.

CALDAS AULETE (1964) *Dicionário da língua portuguesa*. Rio de Janeiro: Delta Larousse.

PASSMORE, J. (1984) *The philosophy of teaching*. Londres: Duckworth.

PETERS, R.S.; HIRST, P.H. (1991) *The logic of education*. Londres: Routledge.

RYLE, G. (1969) Enseñanza y entrenamiento. In: PETERS, R.S. (org.). *El concepto de educación*. Buenos Aires: Paidós.

_____ (1967) *El concepto de mental*. Buenos Aires: Paidós.

SCHEFFLER, I. (1968) *A linguagem da educação*. São Paulo: Edusp/Saraiva.

A indisciplina como matéria do trabalho ético e político

Sonia A. Moreira França*

> *A coragem é indispensável porque,*
> *em política, não a vida,*
> *mas sim o mundo está em jogo.*
> HANNAH ARENDT

Em princípio, parece simples falar sobre a indisciplina na sala de aula, mas à medida que vamos desdobrando seus efeitos, percebemos que estamos diante de um acontecimento sustentado por posições *éticas*[1] e *políticas*[2] diante da existência.

Entende-se o ato indisciplinado como aquele que não está em correspondência com as leis e normas estabelecidas por uma comunidade, um gesto que não cumpre o prometido e, por esta razão, imprime uma desordem no até então prescrito. Portanto, comportar-se com decoro implica, necessariamente, decisões éticas e políticas, ou seja, um trabalho sobre si mesmo que é, ao mesmo tempo, análise histórica dos limites que o mundo apresenta e experimentação das possibilidades de ultrapassá-los.

* * *

De início, podemos pensar que a indisciplina é uma força inerente ao processo educacional. Mas, sob qual perspectiva a enfrentamos? Como matéria do trabalho ético e campo de exercício das instituições políticas? Ou como expressão de um sintoma individual? Parece-nos que

---

* Psicóloga, mestre em Psicologia Social e doutora em Psicologia Clínica pela PUC-SP. Professora da graduação e pós-graduação na UNESP/Assis.
1. *Ética:* dimensões da relação consigo próprio.
2. *Política:* dimensões da relação com o trabalho histórico dos homens.

a segunda perspectiva é a mais freqüente quando colocamos em avaliação um ato de indisciplina. Explica-se este pela história da vida privada de quem o comete: o ato indisciplinado de *UM*.

Uma questão se apresenta: como a indisciplina deixou de ser uma força inerente ao processo educacional, isto é, matéria do trabalho ético e político, para se tornar um modo de explicitação de pequenos poderes que confere espaços aos aspectos privados da existência de *UM*?

Aqui fazemos o primeiro corte a fim de colocar em foco a indisciplina como *matéria das instituições políticas*.

Hannah Arendt (1989) diz que a sociedade moderna transformou os interesses da esfera privada — em que o homem defende a vida e a sobrevivência da espécie — em interesses coletivos. Em seu entender, esse acontecimento histórico criou um modo de organização de povos e comunidades políticas como sendo uma grande família, cujos negócios devem ser geridos por uma gigantesca administração doméstica. A conseqüência disso é que o processo da vida foi canalizado para a organização pública e as relações humanas passaram a ser vividas e expressas sob um ponto de vista privado, alterando completamente o modo de existência da esfera pública, que passou a se preocupar em manter a vida dos indivíduos e da espécie. A dependência mútua entre os homens, para a sobrevivência, adquiriu importância pública.

Ao transformar a preocupação individual com a propriedade privada, fonte de subsistência, em preocupação política de todos os homens, exigiu-se da esfera pública a proteção à propriedade particular, lugar em que o homem se sente protegido do mundo. O lar, espaço interior e pessoal, passa a ser o lugar autêntico das expressões humanas. Mas esse mundo familiar e aconchegante não substitui a realidade do mundo em sua multiplicidade. Aliás, é justamente esta multiplicidade do mundo que amedronta o homem, hoje aprisionado em seu mundo interior, em seu gueto.

Esse acontecimento acaba por subtrair o homem de um lugar no mundo, de pertencer ao campo político nele inscrito. O que está em risco é o próprio mundo e a possibilidade de existir um espaço público comum a todos os homens, onde lhes seja possível estabelecer relações uns com os outros.

Se o mundo é vivido exclusivamente como administração público-burocrática dos interesses privados, em que cada um deve cuidar de seus afazeres, o trabalho das instituições políticas torna-se um ônus e o mundo deixa de ser um produto das mãos humanas, o resultado do passado e destinado às futuras gerações. O mundo não é mais aquele que se interpõe aos que nele habitam, o que transcende a duração de uma vida, mas aquele que tem como tarefa suprir necessidades vitais e administrar riquezas privadas.

Viver em um mundo onde a única coisa que os homens têm em comum são os direitos privados, onde as riquezas são tão vulneráveis à morte quanto seus proprietários, mina a longevidade do próprio mundo. Esta premissa de que o mundo, este artefato humano, não sobreviverá nega-lhe sua constituição como fenômeno político e, sem a potencial imortalidade terrena, nenhum campo comum entre os homens, nenhuma esfera pública e nenhuma política são possíveis.

Habitar um mundo tão perecível quanto o próprio homem constrange-o de viver relações objetivas com os outros, e toda coisa tangível passa a ser objeto de consumo, inclusive o próprio corpo humano. Impossibilitado de sedimentar algo mais perene que sua própria existência, o homem está só.

Excluindo-se das possíveis convocações que a vida pública propõe em sua diversidade existencial e vivendo na intimidade de si mesmo e de seu gueto, este homem experimenta a liberdade como algo que se realiza a partir de seu mundo interior. Só lhe parece possível ser livre e autêntico na relação consigo próprio ou com aqueles que lhe são íntimos.

Para Arendt (1972), o homem contemporâneo vive a liberdade como um diálogo exclusivo consigo próprio. É no deciframento de suas sombras que ele se fará sujeito livre. Associando liberdade com vontade, supõe que a região legitimadora da primeira é o domínio interno da consciência, a partir do qual as leis são estabelecidas e as decisões são tomadas. A noção de liberdade divorcia-se de seu âmbito original, a política, na qual ela é um fato da vida cotidiana e acontece na relação com os outros homens.

Confundiu-se liberdade com livre-arbítrio: escolha que julga e decide entre duas coisas. Liberdade não é um fenômeno da vontade, mas a excelência com que o homem responde àquilo que o mundo lhe oferta a fim de trazer à existência o que anteriormente não havia, qual seja: dar lugar ao inédito, ao inesperado. Há que se ter coragem para isto!

Separar a liberdade de seu lugar de origem (o mundo político) e articulá-la com a capacidade individual da vontade é uma conseqüência política perigosa: separa os homens do mundo e aproxima autonomia, soberania e tirania em um mesmo eixo fundante de *UM*: o *EU QUERO*.

Para aparecer, a liberdade necessita da presença dos outros homens. Requer um espaço publicamente organizado para que as instituições políticas possam realizar suas obras e o homem possa nelas se inscrever por atos e palavras. Contudo, este mundo não pode ser regido pelos interesses efêmeros e descartáveis de uma geração, mas por um campo político de inscrição das experiências humanas, constituindo-se como espaço público para a liberdade realizar-se concretamente em palavras e atos.

O mundo só permanece se tiver uma presença pública que se interponha aos homens, reunindo-os e separando-os. Sem um lugar factível no mundo, o homem não se manifesta. Suas realizações permanecem sem importância porque é somente na presença de outros homens que a realidade do mundo se presentifica. Vivê-la em sua mais completa diversidade depende, pois, da existência de uma esfera pública que não pode ser planejada somente para os vivos.

Assim, não se pode conferir atenção exclusiva à manutenção da vida individual e aos interesses a ela associados, pois o que está em jogo é o passado (produto histórico das obras humanas) e o futuro (o que se destina às próximas gerações) — princípios fundantes do mundo como fenômeno político.

Desejar que permaneça algo de si próprio, ou daquilo que os homens têm em comum, é uma garantia contra a futilidade da vida individual. Em um mundo mortal, perde-se a perspectiva política da inscrição dos atos que se esgotam em si mesmos, consumindo-se na vaidade, na violência e na tirania.

Se a indisciplina tornou-se um sintoma do comportamento individual, um desvio, foi em razão desta retirada do homem para o mundo privado. Cativo de sua existência individual, o homem coloca sua própria vida em risco e todas as suas realizações sob o jugo da necessidade.

Nesse sentido, todo ato é precedido por uma psicologia da vontade ou da cognição, levando a ação e o discurso da esfera pública para o domínio do íntimo e do privado. Reduz-se o homem a um modelo de conduta que abrange todas as dimensões da existência, e a política passa a ocupar-se essencialmente com a manutenção da vida. O que se efetiva, então, é uma psicologia dos seres humanos e não uma avaliação das realizações humanas que imprimem mudanças no mundo.

A ação e o discurso não são mais vividos como condição de criação de artefatos humanos que emprestam durabilidade às coisas efêmeras. Marcados por um radical subjetivismo emocional, ambos perdem de vista sua participação na fundação e preservação do âmbito político do mundo e, por estarem sujeitos a estados de espírito mutantes, não conseguem deixar rastros atrás de si.

Imerso em sua própria psicologia, aquele que produz um ato indisciplinado denota-o a partir de suas próprias paixões. Sente-se livre do jugo externo ao realizá-lo, pois é sua vontade que foi explicitada. Mas, apreendê-lo desta forma é excluí-lo de qualquer significação política, pois a avaliação está sendo feita a partir de experiências com o próprio eu. O conflito se estabelece consigo próprio: *EU QUERO?*

A liberdade, aqui, é vivida como querer, na relação consigo próprio, e não na ação e nas relações com os outros, concebendo-se assim o poder político como expressão da vontade individual.

Mas, como bem lembra Arendt (1989), a intimidade do coração não tem lugar tangível, e a intensificação de sentimentos privados ocorre às custas da garantia da realidade do mundo. A percepção depende da esfera pública onde o homem possa falar, ver, ouvir. Um homem isolado permanece sem testemunho; suas obras são esquecidas e não deixam vestígios. Interiorizado no sujeito cognoscente, o homem torna-se prisioneiro da sua vontade, e, conseqüentemente, impossibilitado de realizar algo mais duradouro do que sua própria existência.

Sujeitar o ato indisciplinado a códigos interpretativos acreditando que a veracidade da ação não está no que ela inscreve, mas no que oculta (como os motivos e os sentimentos) é tomar a indisciplina como explicitação da vontade de *UM*, e não como um fenômeno político que imprime uma direção nas relações entre os homens.

Esta privatização do espaço público, lugar por excelência da educação como fenômeno político, torna a sala de aula um espaço de explicitação da vontade de cada um, fato este que abre flanco para a diluição do campo político que lhe é vital.

A educação, portanto, não mais se afirma como esfera humana política e social, onde é possível a atualização dos artefatos humanos, mas subordina-se à interioridade de cada homem e reduz-se ao arbítrio entre fins estabelecidos por interesses privados, de mercado.

Nesta perspectiva, educar-se é adquirir técnicas que propiciem a exaltação individual, lugar de exercício da competência onde é possível verificar a utilidade de cada interesse e, conseqüentemente, autorizá-la como valor moral.

Ao sucumbir a um modelo que assegura uma profissionalização, a educação despolitiza-se, tornando-se mercadoria por meio da qual cada indivíduo visa intensificar valores e interesses privados. Isto significa que ela se torna algo descartável. Enquadrada por interesses imediatos de uma geração, perde sua potência de imprimir durabilidade às coisas do mundo, ou seja, de propor indivíduos para a cultura — lugar, por excelência, das obras humanas.

Para que estas obras se efetivem, a sala de aula não pode ser lugar de passagem, mas instante de cristalização de toda uma existência, campo político de conexão do homem com o mundo e seu futuro.

É preciso vivê-la como espaço de produção e avaliação do trabalho dos homens, conciliando as paixões e interesses privados com a esfera pública, tornando-os instrumentos para a vida em comum: uma força de humanização que proporcione ao homem chegar a si mesmo, transformar-se e transformar o mundo em que vive.

Caso contrário, a indisciplina passa a ser entendida como aquilo que não se deixa normatizar, e perde a possibilidade de funcionar como mecanismo disparador do trabalho das instituições políticas. A hierarquia presente se impõe não mais como um princípio que orienta as relações entre os homens, mas como lugar de legitimação da autoridade e, como se sabe, a soberania só se mantém por meio de instrumentos de violência.

A nosso ver, a indisciplina deve ser entendida como matéria do trabalho das instituições políticas. Descartá-la desta tarefa é permitir que ela se realize como ato de poder arbitrário. No conflito com os desejos e intenções, o que se presentifica é a opressão. Incapaz de gerar um poder genuíno, o poder do *EU QUERO* consome-se em atos sem significação política, e a vontade se transforma em vontade de opressão.

Ao se deslocar a inscrição do ato indisciplinado da realidade concreta em que este se manifesta para uma abstração (a vontade do homem), tem-se como efeito o fato de a liberdade deixar de ser uma excelência humana para tornar-se legitimação de soberania individual.

* * *

Fazemos agora o segundo corte a fim de tomar em consideração a indisciplina como *matéria de trabalho ético*.[3]

Foucault (In: Dreyfus; Rabinow, 1984) diz que, no mundo moderno, são os sentimentos a matéria relevante para o julgamento moral[4], ou seja, a veracidade dos atos está no que estes ocultam, como os desejos, intenções, sentimentos. Desta forma, a linguagem terá como função desvelar a interioridade pessoal, a fim de comunicar os conteúdos internos da ação, sem os quais nenhuma ação é crível.

Se este é o modo de avaliação moral a que os atos estão sujeitos, novamente a indisciplina é tomada como expressão de uma vontade interna do sujeito. Para Foucault (In: Paéz, 1988), se o homem não se libertar dessa obsessão por decifrar a verdade de seus desejos seguirá enredado em seu eu profundo e nos complexos de saber/poder[5], que pretendem ajudá-lo a descobrir sua verdade. Ou seja, apenas com o auxílio de enunciados legitimados por especialistas será possível alcançar a verdade da vontade.

Para que esta libertação seja possível, faz-se necessária a construção de uma moral com acento na ética e não nos códigos impostos a todos, por igual, a fim de normatizar uma população. Uma ética que não se fundamente em dogmas religiosos, na lei ou nos enunciados cien-

---

3. *Ética*: conjunto de regras facultativas, portanto pessoais, que tomamos para avaliar o que fazemos e o que dizemos em função do modo de existência que isto implica. (Deleuze, 1992)

4. *Moral*: apresenta-se como um conjunto de regras universais e coercitivas, que consiste em julgar ações e intenções referidas a valores transcendentes (certo, errado; verdadeiro, falso). (Deleuze, 1992)

5. *Saber*: regras codificadas nas quais o homem estabelece relações entre uma forma e outra de saber; *poder*: regras coercitivas nas quais o homem estabelece relações de força com outras forças. (Deleuze, 1992)

tíficos, mas uma ética que permita ao homem realizar uma crítica de si mesmo que explicite uma atitude frente à existência.

Isto significa produzir uma crítica do que se é hoje, do que fazer para aplicar à própria vida um trabalho de aprender a viver, a fim de deixar atrás de si uma reputação. Uma ética que permita ao indivíduo manejar, por recurso próprio, um número de operações sobre seu corpo, sua alma, pensamentos e condutas, de tal modo que possa transformar a si mesmo e ao mundo que o cerca.

Esta nova construção ética precisa admitir a possibilidade histórica de produção de modos de subjetivação[6] diferentes daqueles imprimidos pela ordem social vigente. Responder criticamente à atualidade, ao que se é hoje, implica tomar em consideração as práticas sociais que legitimam certos modos de ver, falar, perceber. Isto significa avaliar os processos institucionais que prendem o indivíduo a uma identidade já dada e a códigos estabelecidos.

Para tanto, esta nova atitude requer a produção de um estilo de vida que se efetiva não por meio de uma lei civil ou religiosa, mas por meio daquilo que, entre todas as coisas que o mundo propõe, o homem irá escolher para reconhecer-se a fim de se construir como um corpo de ações éticas. Há que se viver uma vida filosófica para produzir-se a si mesmo e fazer da existência uma obra de arte: inventar novas formas de entendimento acerca de si próprio para conseguir transformar-se.

Como lembra Foucault (1985), o homem é, na natureza, o ser que foi encarregado do cuidado de si próprio, mas isto exige ocupações que necessitam de tempo para se concretizar. Diante da diversidade do mundo, precisa-se criar um tempo de espera para o homem se realizar. Assim, permeando os cuidados consigo, ele desenvolve toda uma atividade de palavra, escrita, exercícios físicos, conversações e meditações.

Este trabalho sobre si próprio não é um exercício solitário de autoconhecimento, mas uma prática social em que se conectam o trabalho sobre si mesmo e a comunicação com o outro, ou seja, uma prática social que objetiva intensificar relações sociais que proporcionem modificações dos elementos constitutivos do sujeito moral, quando cada um é chamado a afirmar seu próprio valor por meio de ações que o singularizam.

Portanto, o conhecimento de si mesmo implica o convívio entre os homens. Criar a si próprio exige provações, uma espécie de ascese que permita inspecionar as ações realizadas, não para sentenciar uma culpa, mas para reforçar a conduta sábia, ou seja, poder confirmar a independência de que se é capaz. Para tanto, toda uma existência é necessária a fim de pertencer-se a si mesmo.

---

6. *Subjetivação*: modo histórico de devir sujeito que não teria a forma de submetimento, mas a produção livre de si mesmo. Uma concepção de subjetivação que supere os limites impostos pelo tempo histórico que vivemos. (Paéz, 1988)

Deste lugar, cada um é chamado a designar seu valor sem conferir poderes à sua vida individual. Tomar a vida privada, a história pessoal, como centro de referência da conduta não permite que as relações consigo próprio se fortaleçam. Para isto é preciso que estas impregnem modos de viver que incrementem práticas e narrativas, aperfeiçoando-as — o que dá lugar a relações interindividuais, variações, propagações, como também instituições.

Assim, a relação consigo próprio é política, jurídica e concreta pois implica na invenção de modos de existência: um aventurar-se para fora do reconhecível, do tranqüilizador, a fim de encontrar relações que expressem outras direções existenciais, onde a linguagem não terá mais por função verter histórias pessoais, mas será vivida como fruição estética de criação de novos modos de pensar e agir no mundo.

Não se pode pensar a relação consigo próprio como se este se constituísse como uma interioridade a ser decifrada, mas como um trabalho que objetiva a produção de modos de existência e a busca de um domínio sobre si mesmo. Este domínio não se efetiva por meio de regras já codificadas (do saber) ou regras coercitivas (de poder), mas na constante invenção de si próprio e de um estilo de vida.

Em nosso entender, se a ética é este campo de relação consigo próprio que objetiva a criação ininterrupta de um si mesmo, o ato indisciplinado deve ser considerado matéria do exercício ético.

Desta forma, devemos perguntar: a que modo de existência se aspira? Este ato objetiva a produção de um si próprio como um outro diferente daquilo que já se é? Aspira ele a construção de uma nova superfície de existência onde possa expandir-se, alojar-se, expressar-se, pensar-se? É um ato que se opõe a um dever? Sob qual perspectiva o estamos avaliando: como um ato que explicita um estilo de vida ou como exaltação de uma vontade individual, da tirania da intimidade, enfim?

Diante disso, outra pergunta se impõe: como este trabalho de intensificação das relações consigo próprio e com os outros desapareceu das salas de aula?

Se diariamente nós, professores, nos queixamos que as normas e regras de conduta presentes na sala de aula se fizeram opacas, quando não diluídas completamente, e também lamentamos que a relação professor-aluno e a hierarquia nela implicada ora se apresentam sob a forma de submissão inconteste levando ao conformismo e apatia, ora materializam-se em atos de negligência para com o material de estudo ou atos de violência radicais, é justamente por termos perdido de vista as dimensões ética e política que fundam o processo educacional.

Esquecemo-nos de que o ato de pensar, embora seja um exercício solitário, nunca se realiza inteiramente sem um parceiro. O pensamento enfrenta fatos como a loucura, a vida, a morte. Assim, precisamos dos

146

outros homens para que o pensamento contenha a mais alta possibilidade de existência, onde cada homem possa ser também objeto de uma narrativa. E isto significa a possibilidade de nossos atos inscreverem sua realidade individual na memória coletiva do grupo.

Se é pela narrativa épica que o homem adquire estatura, densidade de existência, e se esta narrativa é função da educação/formação, por que a sala de aula não pode ser este campo fecundo de trabalho esmerado para com os feitos humanos?

Por que a sala de aula não pode ser o lugar onde se experimente, na existência de cada um, este conjunto de saberes, atitudes, interesses, valores e crenças de que é feita a cultura? Por que a sala de aula não pode ser este lugar onde possa se realizar esta crítica de nós mesmos, do que somos hoje?

Para isso, contudo, é necessário que a sala de aula se firme enquanto espaço público, lugar de (re)produção das realizações coletivas e exercício permanente de si próprio. A educação é esta atividade formadora de si mesmo e campo de inscrição de novas formas de existência.

Portanto, não se pode pensar a educação fora do domínio da ética e da política, pois é dentro delas que nos perguntamos: o que fazemos para ser o que somos? E o que podemos fazer para nos modificar e modificar o mundo em que vivemos?

Se o mundo se apresenta em sua multiplicidade veloz e se precisamos de tempo para esculpir a nós mesmos, faz-se necessário criar espaços ético-políticos em que possamos imprimir uma lentidão a fim de filtrar representações.

A sala de aula pode ser este lugar onde o pensamento se demora por um instante a fim de deglutir, ruminar e tomar coragem para rasgar experiências repetidas. É necessário fazer de tudo isso um campo de experimentação e explicitação da humanidade que nos habita, e levá-la ao seu limite máximo, criando novas configurações humanas.

Habitando, hoje, um mundo marcado pela velocidade e por uma vertiginosa exposição de imagens, precisamos de um espaço comum entre os homens para nos relacionar. Só ocupando um lugar concreto no mundo é que podemos falar, ouvir, ver e ser vistos e, assim, produzir conexões que materializem invisibilidades, dando lugar ao inédito. Ao contrário, se perdermos o espaço público, perderemos também o contato com os outros e, conseqüentemente, um certo senso ético. O ato indisciplinado é, enfim, uma força que precisa ser trabalhada a fim de explicitar a que veio.

A construção de um corpo que afirme ações éticas e políticas não é assim tão simples. Exige um labor infatigável para não vivermos ao acaso dos encontros, nos excessos, e dispersos em uma curiosidade ociosa.

É preciso aprender a viver a vida inteira para fazer de nossa vida uma obra de arte e, assim, proporcionar durabilidade ao mundo.

Não basta saber que dois mais dois são quatro. É preciso avaliar como este acontecimento imprime uma nova direção em nós mesmos e no mundo, conferindo à existência um certo grau de perfeição.

Bibliografia

ARENDT, H. (1989) *A condição humana*. Rio de Janeiro: Forense Universitária.

_____ (1972) *Entre o passado e o futuro*. São Paulo: Perspectiva.

BOÉTIE, E. (1992) *O discurso da servidão voluntária*. São Paulo: Brasiliense.

CHAUI, M. (1992) Público, privado, despotismo. In: NOVAES, A. (org.) *Ética*. São Paulo: Companhia das Letras, pp.345-390.

DELEUZE, G. (1992) *Conversações:* 1972-1990. Rio de Janeiro: Ed. 34.

_____ (1987) *Foucault*. Lisboa: Vega.

DREYFUS, H.L.; RABINOW, P. (1988) Sobre la genealogía de la ética: entrevista a Michel Foucault. In: ABRAHAM, T. (org.) *Foucault y la ética*. Buenos Aires: Biblos, pp.189-219.

FERRER, C., MORELLO, C. (1988) El si y los otros en la obra de Richard Sennett. In: ABRAHAM, T. (org.) *Foucault y la ética*. Buenos Aires: Biblos, pp.143-164.

FOUCAULT, M. (1985) *História da sexualidade III*: o cuidado de si. Rio de Janeiro: Graal.

FOUCAULT, M.; SENNETT, R. (1988) Sexualidad y soledad. In: ABRAHAM, T. (org.) *Foucault y la ética*. Buenos Aires: Biblos, pp.165-187.

PAÉZ, A. (1988) Ética y práctica sociales: la genealogia de la ética segun Michel Foucault. In: ABRAHAM, T. (org.) *Foucault y la ética*. Buenos Aires: Biblos, pp.79-103.

REGNAULT, F. (1991) A vida filosófica. In: ESCOBAR, C.H. (org.) *Dossier Deleuze*. Rio de Janeiro: Holon, pp.40-51.

SENNETT, R. (1988) *O declínio do homem público*. São Paulo: Cia. das Letras.

COLEÇÃO
NA ESCOLA – Alternativas teóricas e práticas

AFETIVIDADE NA ESCOLA

Este livro traz para o cenário da educação o tema da afetividade, raramente abordado e freqüentemente ocultado nas encruzilhadas do cotidiano escolar. Ele questiona os dualismos estabelecidos no mundo científico e escolar, que separa cognição e afetividade, razão e emoção, assumindo que tais dimensões são indissociáveis no funcionamento psíquico humano. Essa discussão apresenta a contribuição de 13 autores, estudiosos de diferentes campos do conhecimento: educação, psicologia, lingüística, neurologia e matemática. REF. 10840.

AUTORIDADE E AUTONOMIA NA ESCOLA

Com as transformações do contexto educacional, a atuação dos profissionais da educação tornou-se objeto de controvérsias. A sala de aula é testemunha da diversidade de práticas educativas. Este livro aborda os limites da autonomia e da autoridade docente, o que recuperar e o que abandonar na prática cotidiana etc. REF. 10679.

DIFERENÇAS E PRECONCEITO NA ESCOLA

A dicotomia *"preconceito* versus *cidadania"* tem sido uma das questões atuais mais inquietantes. Como compatibilizar as igualdades democráticas com as particularidades humanas e sociais, sejam elas de gênero, étnicas, religiosas, cognitivas ou culturais? Essa coletânea busca apresentar ações para se enfrentar as diferenças e o preconceito no dia-a-dia escolar. REF. 10610.

DROGAS NA ESCOLA

As drogas são um dos problemas que mais afligem a sociedade contemporânea. E a escola, um dos principais espaços na vida dos jovens, se vê confrontada com essa realidade. Como posicionar-se diante do uso/abuso das drogas? Neste livro, são abertas possibilidades diversas de compreensão, assim como de manejo de situações escolares que incluem essa questão. REF. 10622.

ERRO E FRACASSO NA ESCOLA

O que faz um aluno não aprender? Onde está o erro: no aluno, no professor, na escola? Quais são as conseqüências psicológicas, pedagógicas e sociais desse evento? Quais são as saídas possíveis? Conceituados teóricos de diferentes áreas abordam aqui o problema, oferecendo alternativas para um estudo aprofundado e para o enfrentamento prático do erro e do fracasso no cotidiano educacional. REF. 10609.

INDISCIPLINA NA ESCOLA

Esta obra apresenta múltiplas abordagens teóricas e possíveis encaminhamentos práticos para o problema da indisciplina na escola. Um panorama contemporâneo dos novos referenciais teóricos, além do pedagógico. Psicólogos, psicanalistas, sociólogos e pedagogos enfrentam a indisciplina com visão atualizada, propondo soluções criativas para compreender e resolver o problema. REF. 10583.

SEXUALIDADE NA ESCOLA

A sexualidade humana é um dos temas mais difíceis e mais recusados no universo prático do educador. Nesta coletânea, o tema é desdobrado de diversas maneiras por teóricos de diferentes áreas e orientações. Trata-se de um livro sobre as múltiplas possibilidades de tangenciamento teórico e prático das manifestações da sexualidade no cotidiano escolar, ultrapassando os limites dos conhecidos guias de orientação sexual. REF. 10593

TRANSTORNOS EMOCIONAIS NA ESCOLA

Muitas vezes os alunos trazem para a sala de aula uma série de transtornos emocionais que exigem um posicionamento diferenciado por parte dos educadores, uma vez que ultrapassam o âmbito pedagógico da intervenção escolar. Este livro apresenta formas de compreensão e de manejo relativos a situações adversas como: crianças enlutadas, distúrbios mentais, doenças etc. REF. 10673.

www.gruposummus.com.br